"十二五"职业教育国家规划教材

# 城市轨道交通车辆电器

Chengshi Guidao Jiaotong Cheliang Dianqi

## （第二版）

吴　冰　主　编
张　琳　副主编
佟关林　主　审

人民交通出版社股份有限公司
China Communications Press Co.,Ltd.

## 内 容 提 要

本书为"十二五"职业教育国家规划教材。书中主要针对城市轨道交通车辆专用的受电弓、高速断路器等主型电器以及专用接触器、继电器以及其他电器,从作用、结构、工作原理、检修维护等方面予以详细介绍;对城市轨道交通车辆的牵引电动机、逆变器等设备的工作原理、工作特性等也作了介绍,同时,对电器基本理论知识也作了阐述。

本书为高职、中职院校城市轨道交通、电气化铁道技术、电机与电器等相关专业的教材,也可作为城市轨道交通行业岗位培训或自学用书。

\* 本书配有多媒体助教课件,教师可通过加入职教轨道教学研讨群(QQ群:129327355)索取。

图书在版编目(CIP)数据

城市轨道交通车辆电器 / 吴冰主编. —2版. —北京:人民交通出版社股份有限公司,2017.12
"十二五"职业教育国家规划教材
ISBN 978-7-114-14343-4

Ⅰ.①城… Ⅱ.①吴… Ⅲ.①城市铁路—铁路车辆—电气设备—职业教育—教材 Ⅳ.①U239.5

中国版本图书馆 CIP 数据核字(2017)第 289114 号

"十二五"职业教育国家规划教材
书　　名:城市轨道交通车辆电器(第二版)
著 作 者:吴　冰
责任编辑:袁　方
出版发行:人民交通出版社股份有限公司
地　　址:(100011)北京市朝阳区安定门外外馆斜街 3 号
网　　址:http://www.ccpress.com.cn
销售电话:(010)59757973
总 经 销:人民交通出版社股份有限公司发行部
经　　销:各地新华书店
印　　刷:北京鑫正大印刷有限公司
开　　本:787×1092　1/16
印　　张:10.75
字　　数:245 千
版　　次:2011 年 9 月　第 1 版
　　　　　2018 年 1 月　第 2 版
印　　次:2020 年 11 月　第 4 次印刷　总第 10 次印刷
书　　号:ISBN 978-7-114-14343-4
定　　价:32.00 元

(有印刷、装订质量问题的图书由本公司负责调换)

# 前言

目前,我国的城市轨道交通建设正处在快速发展时期。到 2020 年,我国城市轨道交通累计营业里程预计将会超过 8500km。城市轨道交通的大规模发展,使得城市轨道交通行业专业技术人员、管理人员和技术工人严重匮乏,这对轨道交通专业院校也提出了越来越高的要求,对专用、适用的城市轨道类教材的迫切需求也越来越显突出。

为适应当前职业教育"校企合作、工学结合"的人才培养模式,本书结合城市轨道交通运营和检修两大类职业岗位的能力需求分析及专业人才培养方案进行编写,涵盖城市轨道交通车辆电器设备的全部内容。作者本着"必需、实用"的原则,在编写过程中,力求理论联系实际,紧跟城市轨道交通的发展趋势,以近年生产的城市轨道车辆用新型电器为主要介绍对象,强调针对性、实用性。本书紧跟高职教育发展趋势,将理论和实践结合起来,以理实一体化为核心理念来编写。

为确保教材内容紧跟城市轨道行业技术的发展,符合岗位的实际工作需求,在教材编写过程中,向南车集团株洲电力机车有限公司、青岛四方机车车辆有限公司、北京地铁、京港地铁及南京地铁等相关技术人员进行了大量咨询并与其进行研讨,在他们的指导下完成了主型电器和逆变装置两个单元内容的编写。

本书内容分为上、下两篇:上篇主要介绍电器基本理论,包括 5 章,便于学生对电器设备工作原理的理解;下篇主要介绍电器设备,分为 4 章,对城市轨道交通车辆上的电器设备作了全面、具体的介绍。其中,第 1 章为电器安全,首先强化学生在学习电器和使用电器之前,必须具备安全作业意识和技能。第 2 章至第 5 章为电器基本理论的介绍,包括电器的发热与散热、电弧的产生与灭弧装置、触头的接触电阻及电腐蚀、电器传动装置的结构及动作原理等内容,为学生学习后续的电器设备打下理论基础。下篇对城轨车辆上的牵引电动机、逆变装置、受电弓、高速断路器、司机控制器及其他电器进行了具体介绍。

电器的选取主要以广州地铁 2 号线车辆为主。同时,增加了少量的其他线路车辆所用的电器设备,以拓宽学生知识面,使其了解城市轨道交通车辆电器的发展。

本书作为高职(中职)教育教材,适用的课时范围为 40~90 课时,教师可根据实际情况选择教学单元、调整教学目标,结合各校实践条件,进行教学内容的组织。

本书由湖南铁道职业技术学院吴冰老师和张琳老师共同编写完成,其具体编写分工为:吴冰编写绪论、第 2 章~第 8 章,并负责教材编写体例设计及全书统稿;张琳编写第1章和第9章。

由于城市轨道交通正处于快速发展期，技术装备日新月异，各城市的城市轨道交通运输设备也都有各自的特点，资料收集很难达到齐全和最新，再加上我们水平有限，书中技术资料和数据肯定存在不足和差异，错误和疏漏之处在所难免，在此恳请见谅，并予以批评指正。

编　者
2017年10月

# 目 录

绪论 ·················································································································· 1

## 上篇　电器基本理论

**第1章　电器安全** ································································································ 4
　复习与思考 ········································································································ 8
**第2章　电器的发热与电动力** ················································································ 9
　第2.1节　电器的发热与散热 ················································································ 9
　第2.2节　不同工作制下电器的发热 ····································································· 13
　第2.3节　电器的热稳定性 ················································································· 16
　第2.4节　载流导体的电动力及电动稳定性 ··························································· 17
　复习与思考 ······································································································ 19
**第3章　电弧及灭弧装置** ······················································································ 20
　第3.1节　概述 ································································································· 20
　第3.2节　电弧产生和熄灭的物理过程 ·································································· 21
　第3.3节　直流电弧及其熄灭条件 ········································································ 24
　第3.4节　交流电弧及其熄灭条件 ········································································ 27
　第3.5节　熄灭电弧的方法及装置 ········································································ 31
　复习与思考 ······································································································ 36
**第4章　触头** ···································································································· 37
　第4.1节　概述 ································································································· 37
　第4.2节　触头的接触电阻 ················································································· 41
　第4.3节　触头的振动 ······················································································· 45
　第4.4节　触头的磨损 ······················································································· 47
　第4.5节　触头的材料 ······················································································· 49
　复习与思考 ······································································································ 51
**第5章　传动装置** ······························································································ 52
　第5.1节　电磁传动装置 ···················································································· 52
　第5.2节　电空传动装置 ···················································································· 57
　复习与思考 ······································································································ 60

## 下篇　车辆电器

### 第6章　牵引电动机 ............................................................. 61
#### 第6.1节　直流牵引电动机 ............................................................. 61
#### 第6.2节　交流牵引电动机 ............................................................. 68
#### 第6.3节　直线牵引电动机 ............................................................. 76
复习与思考 ............................................................. 81

### 第7章　逆变装置 ............................................................. 82
#### 第7.1节　牵引逆变器 ............................................................. 82
#### 第7.2节　辅助逆变器 ............................................................. 99
复习与思考 ............................................................. 105

### 第8章　主型电器 ............................................................. 106
#### 第8.1节　受电弓 ............................................................. 106
#### 第8.2节　高速断路器 ............................................................. 116
#### 第8.3节　司机控制器 ............................................................. 122
#### 第8.4节　第三轨受流器 ............................................................. 128
复习与思考 ............................................................. 130

### 第9章　其他电器 ............................................................. 131
#### 第9.1节　接触器 ............................................................. 131
#### 第9.2节　继电器 ............................................................. 142
#### 第9.3节　低压断路器 ............................................................. 150
#### 第9.4节　传感器 ............................................................. 153
#### 第9.5节　蓄电池 ............................................................. 160
复习与思考 ............................................................. 164

**参考文献** ............................................................. 165

# 绪　论

## 一、电器的定义

电器是应电能的运用而产生的。与其他形式的能相比,由于电能具有易转换和便于控制、调整、输送等优点,因此,在生产、生活及一切科学领域中获得了广泛的应用。然而,电能从产生、输送到应用,并不是一个简单的过程,而是需要一系列的控制、调整、保护装置的作用才能很好地完成的过程。例如:对电力电路实行通、断;对电动机实行启动、停止、正转、反转控制;对用电设备进行超载、过压、短路、断相等故障的保护;在电路中传递、变换、放大电或非电的信号,从而达到自动检测和调节作用等。

所以,凡是根据外界特定信号,自动或手动接通和断开电路,对电路或非电路对象起控制、调整、保护及检测作用的电工设备,称之为电器。

电器的用途广泛、功能多样、工作原理各异,因此产品种类繁多。

## 二、城市轨道电器的分类

用于城市轨道交通车辆上的电器,称为"城市轨道电器",它属牵引电器中的一类。在城市轨道交通车辆上,由于工作条件及环境的特殊性,既有专门设计制造的专用电器,也有选用的一般通用电器,两者统称为城市轨道电器。

城市轨道电器的种类繁多,其主要类型及分类方法如下:

(1)按所接入的电路分为:主电路电器、辅助电路电器和控制电路电器。

①主电路电器——指使用在电力机车主电路中的电器。例如受电弓、主断路器、转换开关、高压连接器、高压互感器及电控接触器等。

②辅助电路电器——指使用在电力机车辅助电路中的电器。例如接触器。

③控制电路电器——指使用在电力机车控制电路中的电器。例如司机控制器、各种继电器及一些低压开关等。

(2)按用途分为:控制电器、保护电器、检测电器和受流器。

①控制电器——用来对电力机车上的牵引设备进行切换、起调节作用的电器。例如司机控制器、接触器、转换开关等。

②保护电器——用来保护电力机车上电气设备不受过电压、过电流及其他损害的电器。例如自动开关、熔断器、接地继电器、避雷器、机械式继电器等。

③检测电器——在电力机车上用于检测的电器。例如互感器、传感器等。

④受流器——用于电力机车在接触网上取流的电器。例如受电弓。

(3)按电流种类分为:直流电器和交流电器。

(4)按接入电路电压的高低分为:高压电器和低压电器。

(5)按传动方式分为:手动电器、电磁式电器、电空传动电器、机械传动电器和电动机传动电器。

（6）按执行机构的结构分为：有触点电器和无触点电器。

### 三、城市轨道电器的工作条件及其特点

城市轨道电器是装在高速运行着的电力机车上工作的，所以其工作条件及其环境与一般工作情况有所不同，因此相应的也有些不同的要求。

城市轨道电器的工作条件及其特点主要是：受较强烈振动、大气环境的污染严重、温度与湿度变化大、操作频率高、工作电压和电流波动大及安装空间位置受限制等。

1. 振动问题

机车运行中，当机车轮对通过钢轨接缝时，产生垂直方向的振动；当机车起动或制动时，产生沿机车纵向的振动；当机车通过曲线或道岔时，产生沿机车横向的振动。这样必然引起城市轨道电器的各零件也产生振动。另外，机车内部的一些旋转性设备（如电机、通风机、压缩机等）也会引起一些振动。由于振动，使电器各部件受到附加力的作用，严重时会影响电器的正常工作。为此，在选用、布置、安装电器时，应考虑振动因素的影响。要注意紧固件应有弹簧垫及防松装置，以防松脱。电器中弹簧的力量及电磁吸力应适当增加，以防振动发生误动作。连接线（如母线、电子线路）连接要牢固，避免发生由于振动而产生接触不良、内部发热而造成事故。

2. 工作环境问题

由于城市轨道交通车辆运行环境较复杂，虽然大部分时间在隧道内运行，但也有露天运行的时候，因此，车上的电器要承受隧道内很大的空气湿度和隧道外大气粉尘的严峻考验。空气的潮湿使得电器触头的锈蚀加剧，大气中的粉尘及其他污染物对城市轨道电器的腐蚀也较为严重，从而降低了电器的绝缘能力，严重时会影响其正常工作。因此，在选择城市轨道电器时，相应的标准要高一些，并对电器要经常进行清扫、保养，以保证其正常工作。

3. 操作频率问题

电力机车主电路的电压在较大范围内变动，而电流则随牵引电动机的工作状态而变化，故机车电器工作在电压、电流波动范围相当大的条件下。另外，机车常有起动、停车及在不同工况时进行调速的操纵，所以城市轨道电器的操作频率较高。对城市轨道电器而言，则要求其操作频率的等级要高些。另外，其电器及机械寿命长一些。

4. 空间安装位置问题

由于安装电器的机车内部空间是有一定限制的，因此对电器的安装尺寸应尽量小。为了更有效地利用机车内有限空间，应尽量采用成套电器装置。同一电路中的电器，应安装在同一屏柜上，这样便于安装与检修。

总之，相当恶劣的工作条件及环境，对城市轨道电器正常工作有一定的影响。为此，对城市轨道电器的基本要求是：动作准确可靠、有足够的电气寿命与机械寿命、有较高的操作频率、能量消耗少和便于检修。在生产上则要求质轻体小、经济耐用和便于生产。

### 四、城市轨道电器的发展概况及趋势

随着我国电气化铁路及电力机车技术的迅速发展，城市轨道电器在产品的结构、形式、

质量方面都有了很大的改进和提高。在国产电力机车中,不断地采用了性能较好、运行可靠及免维护的接触器及继电器;真空断路器在电力机车上得到应用,无触点电器在机车上也得到越来越多的应用。

城市轨道电器发展的一般趋势概括起来有以下几个特点:

(1)从有触点电器逐步过渡到无触点电器,且使两者互相结合,取长补短。

随着电子技术的迅速发展,使用电子元件的无触点电器得到了广泛的应用。无触点电器有很多优点,主要是:不怕振动、工作可靠、操作频率高、寿命长、体积小、质量小、维修方便,适用于防火、防爆场合,有利于实现系统的自动化且动作可靠、灵敏。但也有不足之处,主要是:导通时有较大的管压降,阻断时有较大的残余电流,不能完全切断电路;功率损耗大;承受过载和过电压的能力差。基于此,在机车电器的发展中,有触点电器与无触点电器联合使用,各自发挥其优点,从而推动机车电器的发展。

(2)从单个电器过渡到成套电器或成套装置。

所谓成套装置,不是指将一般结构的电器简单地、机械地连在一起,而是将所有电器、组件和小体积的零件按照一定的要求,有机地组装在一起。目前,电力机车同一电路中的电器安装在同一屏柜上,这样既便于安装,又便于检修。

(3)趋向于标准化、系列化、通用化、小型化。

城市轨道电器的发展趋势是朝着提高工作可靠性、电气寿命,提高分断能力及减小体积、简化拆装线路、降低费用的基本方向发展。随着我国电力机车更新换代速度的加快,将有更多性能完好及质量优质的电器产品应用在电力机车上。

# 上篇 电器基本理论

# 第1章 电器安全

1. 掌握安全用电原则。
2. 掌握电工安全操作规程。
3. 了解人体触电的方式。
4. 掌握安全电压等级。

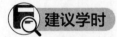

2学时

## 一、安全用电原则

(1)不靠近高压带电体(室外高压线、变压器旁),不接触低压带电体。
(2)不用湿手扳开关,插入或拔出插头。
(3)安装、检修电器应穿绝缘鞋,站在绝缘体上,且要切断电源。
(4)禁止用铜丝代替熔断丝;禁止用橡皮胶带代替电工绝缘胶布。
(5)在电路中安装漏电保护器,并定期检验其灵敏度。
(6)功率大的用电器一定要接地。
(7)不能用身体连通火线和地线。
(8)使用的用电器总功率不能过高,否则引起电流过大而引发火灾。
(9)任何电器线路、设备未经本人验电以前一律视为有电,不准触及。需接触操作时,应切断该处电源,并经验电(对电容性设施还应放电)确认,方能接触作业。对与供、配电网络相联系部分,除进行断电、放电、验电外,还应挂接临时接地线,开关上锁,防止停电后突然来电。
(10)动力配电盘上的闸刀开关,禁止带负荷拉、合闸,必须先将用电设备开关断开方能操作。手工合(拉)闸刀开关时,应一次推(拉)到位。处理事故需拉开带负荷的动力配电盘上闸刀开关时,应戴绝缘手套和防护眼镜,或采取其他防止电弧烧伤和触电的措施。

## 二、电工安全操作规程

(1)电工必须熟悉车间的电气线路和电气设备的种类及性能;若对电气设备性能未充分了解,则禁止冒险作业。

（2）电工每日应定期检查电缆、电机、电控制台等设备情况。检查中若发现问题,则须及时处理;检查电机温度时,先检查确认无电后,再以手背试验。

（3）除临时施工用电或临时采取的措施外,不允许架临时电线,不允许乱挂灯、乱接仪表工具和电焊机等,操作中应使用安全的开关和插座,原电气线路不得擅自更改。

（4）按规定,对电气设备须定期进行检修保养;不用的电器设备线路要彻底拆除。

（5）部分停电作业,当临近有电体距检修人员 0.9m 以下者,须用干燥木材、橡皮或绝缘材料作可靠的临时遮拦。

（6）使用电动工具时,须有防触电保护。

（7）发现设备任何导电部分接地时,在未切断电源前,除抢救触电者外,无关人员一律不允许靠近,离开周围 4m 之外;室内离开 1.8m,以免受跨步电压损伤。

（8）在修理设备时,拉下开关和闸刀,必须在开关和闸刀处挂上"禁止合闸、有人工作"的警示牌;在带电设备遮栏上和禁止通行的过道处,应挂上"止步、高压危险"的警示牌;在工作地点应挂上"正在工作"的警示牌。

（9）电器操作人员应思想集中,在未经测电笔确定电器线路无电前,应一律视为"有电",不可用手触摸,不可绝对相信绝缘体。

（10）工作前,应详细检查自己所用工具是否安全可靠,穿戴好必需的防护用品,以防作业时发生意外。

（11）维修电器线路时,应采取必要的措施,在开关手把上或线路上悬挂"有人工作、禁止合闸"的警示牌,防止他人中途送电。

（12）使用测电笔时,要注意测试电压范围,禁止超范围使用。电工人员一般使用的测电笔,只许在 500V 以下电压使用。

（13）工作中所有拆除的电线要处理好,带电线头应包好,以防发生触电。

（14）所用导线及熔断丝,其容量大小必须符合规定标准;选择开关时,必须大于所控制设备的总容量。

（15）工作完毕后,必须拆除临时地线,并检查是否有工具等物件遗忘在电杆上。

（16）发生火灾时,应立即切断电源,用四氯化碳粉质灭火器或黄沙扑救,严禁用水扑救。

（17）工作结束后,全部工作人员必须撤离工作地段,拆除警示牌;所有材料、工具、仪表等随之撤离,及时安装好原有防护装置。

（18）操作地段清理后,操作人员要亲自检查。若要送电进行试验则要与有关人员联系好,以免发生意外。

### 三、人体触电方式

电流对人体的伤害可以分为两种类型,即电伤和电击。

电伤是指由于电流的热效应、化学效应和机械效应引起人体外表的局部伤害,如电灼伤、电烙印、皮肤金属化等。电伤在不是很严重的情况下,一般无生命危险。

电击是指电流流过人体内部造成人体内部器官的伤害。这是触电事故后果中最严重的,绝大部分触电死亡事故都是由电击所造成的。

人体触电方式主要分为单相触电、两相触电、跨步电压触电 3 种。

1. 单相触电

单相触电,指人体的某一部分与一相带电体及大地(或中性线)构成回路,当电流通过人体流过该回路时,即造成人体触电,如图 1-1 所示。

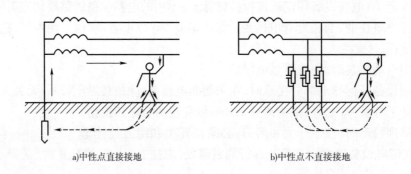

a) 中性点直接接地　　　　　　b) 中性点不直接接地

图 1-1　单相触电

2. 两相触电

两相触电,指人体某一部分介于同一电源两相带电体之间并构成回路所引起的触电,如图 1-2 所示。

3. 跨步电压触电

跨步电压触电,是指人进入接地电流形成强电场时的触电。由于场内地面上的电位分布不均匀,人的两脚间电位不同,这两个电位差称为跨步电压。跨步电压的大小与人和接地体的距离有关。当人的一只脚跨在接地体上时,跨步电压最大;人离接地体越远,跨步电压越小;与接地体的距离超过 20m 时,跨步电压接近于零,如图 1-3 所示。

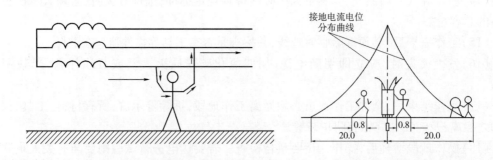

图 1-2　两相触电　　　　　　图 1-3　跨步电压触电(尺寸单位:m)

4. 悬浮电路上的触电

220V 工频电流通过变压器相互隔离的原、副绕组后,从副边输出的电压零线不接地,变压器绕组间不漏电,即相对于大地处于悬浮状态。例如某些彩色电视机,它们的金属底板是悬浮电路的公共接地点,在检修这类电器的故障时,如果一只手接触电路的高电位点,另一只手接触低电位点,即用人体将电路连通造成触电,这就是悬浮电路触电。所以,在检修这类电器时,一般要求单手操作,特别是电位比较高时更应该如此。

## 四、电流伤害人体的因素

触电时,电流对人体的伤害程度与以下几个因素有关。

**1. 电流的大小**

人们通过大量试验证明,通过人体的电流越大,对人体的损伤越严重。

**2. 电压的高低**

人体接触的电压越高,流过人体的电流越大,对人体的伤害越严重。

**3. 频率的高低**

实践证明:40~60Hz 的交流电对人体最危险;随着频率的增高,触电危险程度将下降。高频电流不仅不会伤害人体,还可以用来治疗疾病。

**4. 时间的长短**

触电电流越大,触电时间越长,电击能量越大,对人体的伤害越严重。

**5. 电流通过的路径**

电流通过心脏时,最容易导致死亡,因此电流从右手到左脚的危险性最大。

**6. 人体状况、人体电阻的大小**

电流对人体的作用,女性较男性敏感;小孩遭受电击较成人危险;同时与体重有关。人体电阻因人而异,与人的体质、皮肤的潮湿程度、触电电压的高低、年龄、性别以及工种职业有关系,通常为 1 000~2 000Ω;当角质外层被破坏时,则降到 800~1 000Ω。人体电阻除人的自身电阻外,还应附加上人体以外的衣服、鞋、裤等电阻。影响人体电阻的因素很多,如皮肤潮湿出汗、带有导电性粉尘等情况,均能使人体电阻降低。

## 五、安全电压等级

**1. 人体允许电流**

人体允许电流,是指发生触电后触电者能自行摆脱电源,解除触电危害的最大电流。通常情况下,男性为 9mA,女性为 6mA。在设备和线路装有触电保护设施的条件下,人体允许电流可达 30mA。

**2. 安全电压**

安全电压,是指不致使人直接致死或致残的电压。国家标准《特低电压(ELV)限值》(GB/T 3805—2008)规定我国安全电压额定值的等级为 42V、36V、24V、12V 和 6V。这些安全电压额定值的等级,应根据作业场所、操作员条件、使用方式、供电方式、线路状况等因素选用。

通常流经人体电流的大小是无法事先计算出来的。因此,为确定安全条件,往往不采用安全电流,而是采用安全电压来进行估算。一般情况下,即对于干燥而触电危险性较小的环境,安全电压规定为 36V;对于潮湿而触电危险性较大的环境(如金属容器、管道内施焊检修;矿井、隧道等使用的手提照明灯),安全电压规定为 12V。这样,触电时通过人体的电流被限制在较小范围内,可在一定程度上保障人身安全。根据生产和作业场所的特点,采用相应等级的安全电压,是防止发生触电伤亡事故的根本性措施。

### 复习与思考

1. 安全电压最高是多少伏？
2. 凡在潮湿工作场所或在金属容器内使用手提式电动用具或照明灯时，应采用多少伏安全电压？
3. 电压相同的交流电和直流电，哪一种对人体的伤害大？
4. 电器设备着火，首先须采取什么措施？
5. 电器设备发生火灾时，有哪几种可带电灭火的器材？

# 第2章　电器的发热与电动力

**教学目标**

1. 掌握温升和允许温升的概念。
2. 了解不同工作制下电器的发热情况。
3. 了解电器散热的3种基本方式。
4. 了解电器热稳定性的概念。
5. 了解载流导体所受电动力的情况。

**建议学时**

5学时

电器的发热及电动力，是电器中存在的两种物理现象。它对电器的正常工作有一定的影响。本内容对电器发热的原因、影响、不同工作制发热的特点及电器散热的原因等进行一定的分析，并对电动力的影响及在电器中如何利用电动力进行介绍。

## 第2.1节　电器的发热与散热

### 一、概述

有触点电器，是由导电材料、导磁材料和绝缘材料等组成的。

电器在工作时由于有电流通过导体和线圈而产生电阻损耗。如果电器工作于交流电路，则由于交变电磁场的作用，在铁磁体内产生涡流和磁滞损耗，在绝缘体内产生介质损耗，所有这些损耗几乎全部都转变为热能。其中，一部分散失到周围介质中；另一部分加热电器本身，使其温度升高。

电器温度升高后，其本身温度与周围环境温度之差，称为温升。

电器的温度超过某一极限值后，其中金属材料的机械强度会明显下降，绝缘材料的绝缘强度会受到破坏。若电器温度过高，会使其使用寿命降低，甚至遭到破坏。反之，电器工作时的温度也不宜过低，因为电器工作时温度太低，说明材料没有得到充分利用，经济性差，相对体积大、质量大。

由此可见，研究电器的发热问题，对保证电器正常可靠的运行及缩小电器体积、节约原材料、降低成本、延长使用寿命等方面具有重要意义。

为了确保电器的工作性能和使用寿命，各国电器技术标准都规定了电器各部件的发热温度极限及允许温升。所谓发热温度极限，就是保证电器的机械强度、导电、导磁性以及介质的绝缘性不受危害的极限温度。允许温升是发热温度极限与最高环境温度的差值。

因为电器的工作环境直接影响电器的散热过程,我国国家标准规定最高环境温度为+40℃(一般为35℃),即:

$$允许温升 = 发热温度极限 - 40℃$$

当海拔1 000m时,各种不同材料和部件的发热温度极限列于表2-1。

电器部件及材料发热温度极限　　　　　　　表2-1

| 序号 | 部件名称 | 材料和形式 | 发热温度极限(℃) |
|---|---|---|---|
| 1 | 发热温度不影响接触压力的触头 | 紫铜或铜合金 | 115 |
| | | 银或银合金触头 | 以不损害相邻部件为限 |
| 2 | 发热温度影响接触压力的触头 | 磷青铜 | 75 |
| | | 弹簧负片构成的簧片 | 75 |
| | | 夹形触头刀形开关铜质触头 | 90 |
| 3 | 用螺钉、铆钉紧固的导电连接 | 紫铜或黄铜 | 95 |
| | | 紫铜或黄铜接触处镀锡 | 100 |
| | | 紫铜或黄铜接触处镀银 | 105 |
| | | 铝质 | 80 |
| 4 | 单层电流线圈 | 铜质 | 145 |
| 5 | 软连接线 | 铜质镀(或搪)锡 | 130 |
| 6 | 电阻 | 康铜或类似的电阻带、丝 | 390 |
| | | 铁路铝电阻带、丝 | 640 |
| | | 镍铬电阻带、丝 | 690 |
| 7 | 绝缘线圈及与绝缘材料接触的金属零件 | A级绝缘 | 120 |
| | | E级绝缘 | 135 |
| | | B级绝缘 | 145 |
| | | F级绝缘 | 170 |
| | | H级绝缘 | 195 |

关于短时发热温度极限,目前尚未制定国家标准,表2-2所列数据可供参考。

电器部件及材料短时发热温度极限　　　　　　　表2-2

| 部件名称及材料 | 短时最高允许温度(℃) | 部件名称及材料 | 短时最高温度极限(℃) |
|---|---|---|---|
| 油中未绝缘的载流导体 | 250 | 任何情况下的铝导体 | 200 |
| 不和有机绝缘材料及油接触的铜和黄铜部件 | 300 | 闭合情况下的主触头 | 200 |

在环境温度为40℃时,绝缘线圈及包有绝缘材料的金属导体的允许温升见表2-3。

绝缘线圈的允许温升　　　　　　　表2-3

| 绝缘材料耐热等级 | 线圈在空气中允许温升(℃) | | 线圈在油中允许温升(℃) |
|---|---|---|---|
| | 长期工作制 | 反复短时、间断长期及短时工作制 | |
| A | 65 | 80 | 60 |
| E | 80 | 95 | 60 |
| B | 90 | 105 | 60 |
| F | 115 | 130 | — |
| H | 140 | 155 | — |

关于表中绝缘等级的说明:由于绝缘材料的品种繁多,耐热性各不相同,为此国家标准规定按耐热性将绝缘材料分为7个等级,见表2-4。

绝缘材料的最高允许温度　　　　　　　表2-4

| 绝缘等级 | Y | A | E | B | F | H | C |
|---|---|---|---|---|---|---|---|
| 最高允许温度(℃) | 90 | 105 | 120 | 130 | 155 | 180 | >180 |

## 二、电器的发热

电器工作时,电流通过导电部分将产生电阻损耗。载流导体的功率损耗为:

$$P = I^2 R \qquad (2-1)$$

式中:$P$——电阻损耗功率(W);

　　$I$——通过导体的电流(A);

　　$R$——导体电阻(Ω)。

当导体中流进交变电流时,考虑集肤和邻近效应时,$R$应为交流电阻。

此损耗将转变为热能。正常状态时,其中一部分散发到周围介质中去;另一部分使导体的温度升高,形成温升。如果发热时间极短(如短路时的发热),由于来不及散热,可认为损耗功率全部用来加热导体,提高导体的温升。此时可得出能量平衡公式为:

$$Pt = Gc\tau \quad (\text{W} \cdot \text{s}) \qquad (2-2)$$

式中:$P$——电阻损耗功率(W);

　　$t$——发热时间(s);

　　$G$——导体质量(kg);

　　$c$——导体的比热[W·s/(kg·℃)];

　　$\tau$——导体的温升(℃)。

式(2-2)可用于计算短路电流导体的温升。

铁磁体在交变磁通的作用下,会在铁磁零件中产生一定的涡流。这是因为铁的磁导率很高,而磁通变化速度又快,因而产生相应的电动势和涡流损耗。同时,磁通的方向和数值变化使铁磁材料反复磁化,产生的磁滞与涡流损耗可以导致铁质零件发热。一般来说,这个损耗不大。但如果制造不当,如材料较差、铁片较厚或片间绝缘不好,则涡流损耗就比较大。

磁滞与涡流损耗一般与磁通密度大小、磁通变化率及铁磁材料有关。工程上为了简化计算过程且要取得较符合实际情况的结果,通常采用公式(2-3)来计算。

$$P = \left[\sigma_C \frac{f}{100} + \sigma_w \left(\frac{f}{100}\right)^2\right] B_m^2 \times 10^{-8} \quad (W/kg) \quad (2-3)$$

式中：$P$——铁磁材料的损耗功率(W/kg)；

$\sigma_C$、$\sigma_w$——分别为磁滞、涡流损耗系数,见表2-5；

$f$——电源频率,即磁通频率(Hz)；

$B_m$——磁通密度幅值(Wb/m²)。

**铁芯材料的磁滞、涡流损耗系数**     表2-5

| 钢的类别 | 普通电机钢 | | | 高硅钢 | |
|---|---|---|---|---|---|
| 片厚(mm) | 1.0 | 0.5 | 0.35 | 0.5 | 0.35 |
| $\sigma_C$ | 4.4 | 4.4 | 4.7 | 3.0 | 2.4 |
| $\sigma_w$ | 22.5 | 5.9 | 3.0 | 1.3 | 0.7 |

在交流电器中,常采用硅钢片叠成导磁铁芯。所以也可根据选用导磁材料的型号,直接由 YB73—70、YB73—63(冶金部关于电工用热轧钢片及冷轧钢薄板部标)查得相应型号材料的单位铁损,经过计算而得整个铁芯的损耗。

绝缘介质中的介质损耗一般与电场强度及频率有关。电场强度和频率越高,则介质损耗也越大。对于电场强度较小的低压电器而言,介质损耗小到实际上可以忽略不计。但在高压电器中,由于电压高,介质中的电场强度大,必须考虑介质损耗并计算介质的发热。

### 三、电器的散热

电器工作时,只要电器温度高于周围介质及接触零件的温度,它便向周围介质散热。所以发热和散热同时存在于电器发热过程中。

当电器产生的热量与散失的热量相平衡时,电器的温升维持不变,这时称电器处于热稳定状态。此时的温升称为稳定温升。若温升随着时间而变化,则称为不稳定发热状态。

电器的散热以热传导、对流与热辐射3种基本方式进行。其传热过程如下：

**1. 热传导**

热传导现象的实质是通过具有一定内部能量的物质基本质点间的直接相互作用,使能量从一个质点传递到另一相邻质点。热传导的方向是由较热部分向较冷部分传递；或由发热体向与它接触的物体传递。热传导是固体传热的主要方式,它也可在气体和液体中进行。

**2. 对流**

对流是通过流体(液体与气体)的运动而传递热量。热量的转移和流体本身的转移结合在一起。根据流体流动的原因,对流分为自然对流和强迫对流。机车的电机、电器等因受安装空间的限制,较多采用强迫对流(强迫风冷却或强迫油循环冷却),可加强散热,缩小体积。

**3. 热辐射**

热辐射是发热体的热量以电磁波形式传播能量的过程。热辐射可穿越真空和气体而传播,但不能透过固体和液体物质。

热传导、对流、热辐射3种传热过程可通过一定的公式或经验公式来进行计算,但是分别进行热计算是相当复杂的,而且结果不十分准确。所以,在实际计算发热体表面温升时,不进行单独考虑,而是在一定表面情况和周围介质条件下,把3种散热方式综合起来,用综合散热系数 $K_T$ 考虑散热,这就是通常采用的牛顿公式:

$$P = K_T S \tau \tag{2-4}$$

式中:$P$——散热功率(W);

$K_T$——综合散热系数[W/(m²·℃)];

$S$——有效散热面积(m²);

$\tau$——温升(℃)。

通过式(2-4)可知,散热功率和温升及有效散热面积成正比,温升越高,有效散热面积越大,则散热功率越大。综合散热系数,是指温度升高1℃,发热体单位面积发散到周围介质的功率。综合散热系数 $K_T$ 和发热体结构、工作制、布置方式及周围介质密度、传热系数等诸多因素有关。$K_T$ 值由试验方法确定。表2-6所示为综合散热系数 $K_T$ 的一些试验数据,仅供参考。在应用牛顿公式时,重要的问题在于正确地选取综合散热系数。

**综合散热系数 $K_T$ 的试验值**　　表2-6

| 序号 | 散热体表面及其特性 | $K_T$[W/(cm²·℃)] | 附注 |
| --- | --- | --- | --- |
| 1 | 窄边直立的扁平铜母线 | (6~9)×10⁻⁴ | |
| 2 | 涂绝缘漆的钢或生铁表面 | (10~14)×10⁻⁴ | |
| 3 | 具有绝缘纸的线圈 | (10~12.5)×10⁻⁴ | |
| 4 | 螺旋状生铁电阻 | (10~13)×10⁻⁴ | $K_T$ 值对应于全部螺旋表面 |
| 5 | 由康铜或镍铬丝或带绕的电阻组件 | (10~14)×10⁻⁴ | $K_T$ 值对应于全部导体表面 |

## 第2.2节　不同工作制下电器的发热

电器在使用过程中,由于工作任务的要求不同,其工作时间的长短也不同。如供电系统中的一些开关,只要不出现故障和必要的检修,它就一直处于工作状态;而机车上控制空气压缩机的电器则处于一种断续工作状况。由于工作时间长短不同,故电器的发热及冷却状况也不同,从电器发热与冷却的观点来看,一般将电器的工作状况分为:长期工作制和间断长期工作制(8h 工作制)时电器的发热、短时工作制时电器的发热、间断工作制(反复短时工作制)时电器的发热及短路时电器的发热几种。

### 一、长期工作制时电器的发热

长期工作制是指电器通电后连续工作到发热稳定,此时温升达到稳定值。其特点是电器损耗所产生的热量全部散发到周围介质中。当发热未达到稳定前,这个热量一部分用于升高导体的温度,另一部分散发到周围介质中去。根据能量平衡原理,得能量平衡公式为:

$$P\mathrm{d}t = cG\mathrm{d}\tau + K_T S \tau \mathrm{d}t \tag{2-5}$$

式中:$P\mathrm{d}t$——在 $\mathrm{d}t$ 时间内电器总的发热量;

$cG\mathrm{d}\tau$——加热电器本身的热量;

$K_T S \tau \mathrm{d}t$——在 $\mathrm{d}t$ 时间内电器的散热量。

通过计算可得：

$$\tau = \frac{P}{K_T S}[1 - e^{-t/(\frac{cG}{K_T S})}] \quad (2\text{-}6)$$

由式(2-6)不难看出，长期工作制时发热与冷却曲线是一条上升的指数曲线，如图2-1中曲线2所示。

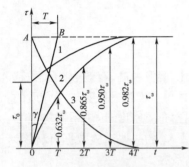

图2-1 长期工作制时发热与冷却曲线

当 $t \to \infty$ 时，电器的温升达到稳定值，称为稳定温升 $\tau_\omega$。

$$\tau_\omega = \frac{P}{K_T S} \quad (2\text{-}7)$$

电器各部分的稳定温升不应超过允许温升。式(2-6)中 $\frac{cG}{K_T S}$ 是一个常数，称之为电器的热时间常数（简称时间常数），以 $T$ 表示。

$$T = \frac{cG}{K_T S} \quad (\text{s}) \quad (2\text{-}8)$$

由以上分析可得以下几点：

(1)导体的温升 $\tau$ 是随时间的增长按指数曲线上升的。开始上升速度较快，随着 $\tau$ 的增大，上升速度逐渐减慢，直到温升稳定，此时达到热稳定状态。其原因是散热功率和温升成正比所致。

(2)稳定温升 $\tau_\omega$ 与起始温升无关，它由 $P/K_T S$ 决定。当散热面积和散热条件已确定时（$S$ 与 $K_T$ 一定），$\tau_\omega$ 与发热功率 $P$ 成正比，或与电流的平方成正比，电流越大，稳定温升值也就越大。如要限制最大温升，在散热条件不变的情况下，实际上就是限制通过的最大电流。因此，电器的额定电流值就是根据长期发热时的最大温升不超过允许温升来确定的。

(3)时间常数 $T$ 决定于导体总的热容量与其散热情况之比。其值是由电器本身的物理参数决定的，与发热功率（电流）无关。

总之，$T$ 值越大，表示达到稳定温升所需的时间越长。

(4)理论上讲，$t = \infty$ 时，温升达到稳定值 $\tau_\omega$。实际上接近稳定温升所需的时间并不需要无限长。从图2-1可以看出：当 $t = 4T$ 时，$\tau = 0.98 \tau_\omega$，这时温升 $\tau$ 即可认为达到稳定值 $\tau_\omega$。由于 $T$ 与电流无关，故对同一电器，通以不同电流，虽其 $\tau_\omega$ 值不等，但达到 $\tau_\omega$ 的时间是相等的。

间断长期工作制(8h工作制)也属于长期工作制。在电器规定的工作时间内温升早已达到稳定值，但超过8h之后必须断电源，分断后可以清除触头的氧化物及尘垢。电器触头工作于间断长期工作制时，其允许温升可以比长期工作制时取得略高一些。

## 二、短时工作制时电器的发热及过载系数

电器的短时工作制是指电器通电时间很短，温升未达到稳定就停止工作，并且下一次工作要等到电器冷却到周围介质温度。例如，机车主断路器中的分、合闸电磁铁即属于短时工作制情况，它分别仅在分、合闸时短时通电，分、合闸结束时就断电。

短时工作制的发热和冷却曲线，如图2-2中曲线1、2所示。

设短时工作制时发热功率为 $P_d$，通过工作电流为 $I_d$，发热时间为 $t_d$。由于发热时间 $t_d$ 很

短(一般 $t_d < T$),达不到稳定温升,到 $\tau_d$ 时即停止发热。经分析可得:

$$\tau_d = \tau_{d\omega}(1 - e^{-t_d/T}) \qquad (2\text{-}9)$$

$$\tau_d = \frac{P_d}{K_T S}(1 - e^{-t_d/T}) \qquad (2\text{-}10)$$

$\tau_d$ 以后电器冷却到周围介质温度。

假设短时温升 $\tau_d$ 恰好与某额定功率为 $P_e$、工作电流 $I_e$ 长期工作制发热的稳定温升 $\tau_\omega$ 相等,即 $\tau_d = \tau_\omega$。由式(2-7)、式(2-10)可得:

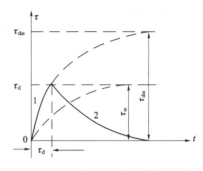

图 2-2 短时工作制时的发热、冷却曲线

$$\frac{P_d}{K_T S}(1 - e^{-t_d/T}) = \frac{P_e}{K_T S}$$

变化为:

$$\frac{P_d}{P_e} = \frac{1}{1 - e^{-t_d/T}} \qquad (2\text{-}11)$$

$P_d$ 与 $P_e$ 的比值,称为功率过载系数。它表示在温升、散热一定的条件下,短时工作与长期工作相比,功率允许过载的倍数。同时也可相应得到短时工作时电流的允许过载倍数为:

$$\frac{P_d}{P_e} \approx \frac{T}{t_d} \qquad (2\text{-}12)$$

$$\frac{I_d}{I_e} \approx \sqrt{\frac{T}{t_d}} \qquad (2\text{-}13)$$

由以上分析可得出以下几点:

(1)某电器在长期工作制下工作时,其稳定温升达到允许温升。该电器若用于短时工作制时,允许超载运行。这样可使电器得到充分作用。

(2)该电器在短时工作制下,其功率(或电流)的过载倍数与发热时间 $t_d$ 及时间常数 $T$ 有关。$T$ 越大,$t_d$ 越小,过载倍数则越高。

### 三、间断工作制时电器的发热

间断工作制(反复短时工作制)是指电器在通电和断电周期循环下的工作过程。通电时间内温度未达到稳定值,断电后又不能冷却到周围介质温度。多次重复通电后,电器可能达到稳定温升。

图 2-3 说明了间断工作制的发热过程,以 $t_1$ 表示通电发热时间,$t_2$ 表示断电冷却时间。$t = t_1 + t_2$ 称为工作周期。通过分析可得其功率过载倍数、电流过载倍数分别为:

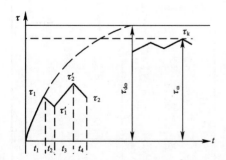

图 2-3 间断工作制的发热曲线

$$\frac{P_d}{P_e} = \frac{t}{t_1} \qquad \frac{I_d}{I_e} = \sqrt{\frac{t}{t_1}} \qquad (2\text{-}14)$$

由式(2-14)可以看出,间断工作制的过载倍数与工作周期 $t$ 及发热时间 $t_1$ 有关,$t$ 越大或 $t_1$ 越小,过载

倍数就越大。

在电器标准中,常用通电持续率 TD 来表示间断工作制的负荷轻重程度。通电持续率的定义是:工作时间 $t_1$ 与工作周期 $t$ 之比的百分数。显然 TD 值越大,说明工作时间越长,任务越繁重,过载系数就越小。

$$TD = \frac{t_1}{t} \times 100\% \tag{2-15}$$

### 四、短路时电器的发热

电器在通过工作电流时,在其工作制下,要经受额定电流发热的考验。若电路发生了短路故障,其短路电流远大于额定电流;当保护电器还未将故障切除前,电器还必须能承受住一定时间内短路电流的发热考验。由于短路电流的时间很短,可以认为是绝热过程,即不考虑散热,全部损耗都用来加热电器。

## 第2.3节 电器的热稳定性

电器的热稳定性,是指在一定时间内能承受短路电流(或所规定的等值电流)的热作用而不发生热损坏的能力。例如,不会因发热而产生不允许的机械变形,触头处不会熔焊等。热稳定性以 $I_t^2 \cdot t$ 表示,$I_t$ 称为 $t$ 秒(s)时的热稳定电流(用有效值表示)。一般,采用以 1s、5s 与 10s 的时间为准的热稳定电流 $I_1$、$I_5$ 及 $I_{10}$。按照热量相等的原则,同一电器不同时间的热稳定电流可以互相换算。换算公式为:

$$I_{t_1}^2 \cdot t_1 = I_{t_2}^2 \cdot t_2 \tag{2-16}$$

例如:

$$I_5^2 \times 5 = I_{10}^2 \times 10$$

即:

$$I_5 = \sqrt{2} I_{10}$$

时间越短,其热稳定电流可以越大。

各种电器使用于不同电路,热稳定电流有不同的规定,如表2-7所示。

开关电器的热稳定电流  表2-7

| 电器类别 | 额定电流<br>(A) | 热稳定电流峰值<br>(A) | 热稳定电流有效值<br>(A) | 热稳定电流通电时间<br>(s) |
|---|---|---|---|---|
| 电路隔离用或有载通断用主开关 | 10 | $120I_e$ | $70I_e$ | |
| | 25 | $120I_e$ | $70I_e$ | |
| | 60 | $110I_e$ | $60I_e$ | |
| | 100 | $110I_e$ | $60I_e$ | |
| | 200 | $100I_e$ | $50I_e$ | |
| | 400 | $100I_e$ | $50I_e$ | |
| | 600 | $80I_e$ | $40I_e$ | |
| | 1 000 | $60I_e$ | $30I_e$ | |
| | 1 500 | $40I_e$ | $20I_e$ | |
| 电动机用控制电器的主回路 | $I_e$ | $>20I_e$ | $>7I_e$ | 10 |

# 第2.4节 载流导体的电动力及电动稳定性

## 一、载流导体的电动力

载流导体处在磁场中会受到力的作用,载流导体间相互也会受到力的作用,这种力称为电动力。对于这种现象,有可利用的一面,如电动机的原理就是利用它将电能转换为机械能;也有危害的一面,如对大容量输配电设备来说,在短路情况下电动力可达很大数值,对配电装置的性能和结构影响极大。在电器中,载流导体间、线圈匝间、动静触头间、电弧与铁磁体间等都有电动力的作用。在正常电流下电动力不至于使电器损坏,但动、静触头间的电动斥力过大,会使接触压力减小,接触电阻增大造成触头的熔化或熔焊,影响触头的正常工作。有时在强大短路电流所形成的电动力下,使电器发生误动作或使导体机械变形,甚至损坏。利用电动力的作用改善和提高电器性能的例子也是很多的,例如,接触器的磁吹灭弧、快速自动开关的速断机构等。

电动力的方向判断可用左手定则或磁通管侧压力原理来进行。左手定则为伸平左手,磁通穿过左手掌,四个手指为电流方向,大拇指所指方向就是电动力方向。磁通管侧压力原理(米特开维奇定则)是:把磁力线看成为磁通管,磁通管密度高的一侧具有推动导体向密度低的一侧运动的力,这个方向即电动力的方向。

判断电动力方向的两种方法其结果是一样的,可根据具体情况采用某一种。在结构及产生磁场因素复杂的情况下,用磁通管侧压力原理来判定电动力方向较为方便。例如图2-4~图2-6所示情况。

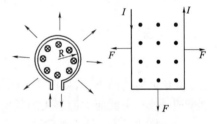

图2-4 环形导体和U形导体所受电动力

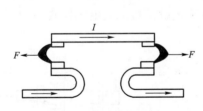

图2-5 电弧受到的电动力

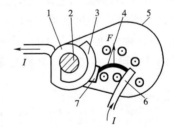

图2-6 利用电动力的磁吹原理
1-磁吹线圈;2-磁吹铁芯;3-导弧角;4-电弧;
5-铁夹板;6-动触头;7-静触头

## 二、载流导体电动力计算基础和电动稳定性

当长为 $L$ 并通有电流 $I$ 的导体垂直置于磁感应强度为 $B$ 的均匀磁场中时,作用在该导体上的电动力 $F$(图2-7)为:

$$F = BIL \tag{2-17}$$

若该导体与磁感应强度 $B$ 的方向成 $\beta$ 夹角时,则作用在导体上的电动力为:

$$F = BIL\sin\beta$$

电动力由作用在导体上各个长度元 d$L$ 的许多力元 d$F$ 的几何和来决定。可将无限短的导体视为直线，它所处的磁场可认为是均匀的，因此它所受到的力 d$F$，可用式（2-18）表示：

$$dF = I \cdot dL \cdot B\sin\beta \tag{2-18}$$

长为 $L$ 的全导体所受到的力则为：

$$F = \int_0^L dF \tag{2-19}$$

在通常情况下，磁场中各点的磁感应强度 $B$ 不是预先给定的，只给出导体电流及导体的空间位置情况，此时可采用比奥—沙瓦定律来进行电动力的计算。

电器的电动稳定性就是指当大电流通过电器时，在其产生的电动力作用下，电器有关部件不产生损坏或永久变形的性能。也可以说电器有关部分在电动力作用下不产生损坏或永久变形所能通过的最大电流的能力。它以可能的最大冲击电流的峰值表示，也有的以它与额定电流的比值表示。

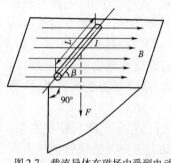

图 2-7 载流导体在磁场中受到电动力

### 三、触头电动力

触头闭合通过电流时，在触头间有电动力存在。这是因为触头表面不管加工得如何平整，微观仍然凹凸不平，如图 2-8 所示。由于接触面积远小于触头表面积，电流线在接触点处产生收缩，由此而引起触头间的电动斥力。

如图 2-9 所示，闭合的隔离开关动、静触头间存在电动斥力。当电流很大时此电动力可将触头间接触压力减小，甚至引起触头的机械形变或触头拉开造成误动作。触头处在闭合位置能承受短路电流所产生的电动力而不致损坏的能力，称为触头的电动稳定性。由于触头面加工情况不同，触头压力情况不同，因而难以确定触头接触处电流线收缩的情况，因此由电流线收缩而产生电动斥力的计算较复杂。

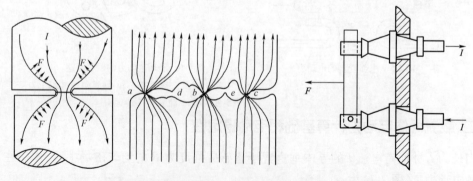

图 2-8 接触的触头间收缩电动力　　　　图 2-9 隔离开关受到的电动力

通过分析可得，触头间有效接触面积越小，电流线收缩得越厉害，电动斥力也越大。当增加触头间接触压力时，将使有效接触面积增加，电动斥力也就越小。

**复习与思考**

1. 简述温升和允许温升的定义。
2. 简述电器在不同工作制下的发热情况。
3. 简述电器 3 种散热方式的原理。
4. 分析电器触头所受电动力的情况。

# 第3章 电弧及灭弧装置

**教学目标**

1. 了解电弧及其分类。
2. 了解电弧产生与熄灭的物理过程。
3. 了解直流电弧和交流电弧的特性及其熄灭条件。
4. 掌握熄灭电弧的方法及装置。

**建议学时**

6学时

在有触点电器中,触头接通和分断电流的过程中往往伴随着电弧的产生及熄灭。电弧是一种气体放电现象,对电器具有一定的危害。本章通过对电弧现象的介绍,分析其产生和熄灭的过程,介绍电器常用的灭弧方法及装置,以解决电弧在电器中的影响。

## 第3.1节 概 述

### 一、电弧现象

电弧是气体放电的一种形式。气体放电分为自持放电与非自持放电两类,电弧属于气体自持放电中的弧光放电。试验证明,当在大气中开断或闭合电压超过10V、电流超过0.5A时,在触头间隙(或称弧隙)中会产生一团温度极高、亮度极强并能导电的气体,称为电弧。

由于电弧的高温及强光,它可以广泛应用于焊接、熔炼、化学合成、强光源及空间技术等方面。对于有触点电器而言,由于电弧主要产生于触头断开电路时,高温将烧损触头及绝缘,严重情况下甚至引起相间短路、电器爆炸,酿成火灾,危及人员及设备的安全。所以从电器的角度来研究电弧,目的在于了解它的基本规律,找出相应的办法,让电弧在电器中尽快熄灭。

借助一定的仪器仔细观察电弧,可以发现,除两个极(触头)外,电弧明显地分为3个区域,即近阴极区、近阳极区及弧柱区,如图3-1所示。

**1. 近阴极区**

近阴极区的长度约等于电子的平均自由行程(小于$10^{-6}$m)。在电场力的作用下,正离子向阴极运动,造成此区域内聚集着大量的正

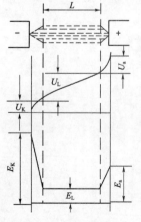

图3-1 电弧3个区及电位降、电位梯度分布

离子而形成正的空间电荷层,使阴极附近形成高电场强度(约为 $10^{+6} \sim 10^{+7} \mathrm{V/m}$)。正的空间电荷层形成阴极压降,其数值随阴极材料和气体介质的不同而有所变化,但变化不大,约在 10~20V 之间。

2. 近阳极区

近阳极区的长度约等于近阴极区的几倍。在电场力的作用下,自由电子向阳极运动,它们聚集在阳极附近而且不断被阳极吸收而形成电流。在此区域内聚集着大量的电子形成负的空间电荷层,产生阳极压降,其值也随阳极材料而异,但变化不大,稍小于阴极压降。由于近阳极区的长度比近阴极区的长,故其电场强度较小。

阴极压降与阳极压降的数值几乎与电流大小无关,在材料及介质确定后可以认为是常数。

3. 弧柱区

弧柱区的长度几乎与电极间的距离相同。它是电弧中温度最高、亮度最强的区域。因为在自由状态下近似圆柱形,故称弧柱区。在此区中,正、负电粒子数相同,称等离子区。由于不存在空间电荷,整个弧区的特性类似于一金属导体。每单位弧柱长度电压降相等。其电位梯度 $E_\mathrm{L}$ 也为一常数,电位梯度与电极材料、电流大小、气体介质种类和气压等因素有关。

## 二、电弧的分类

1. 按其外形分类

电弧按其外形分为长弧与短弧。长短之别一般取决于弧长与弧径之比。

(1) 长弧,即弧长大大超过弧径的电弧。长弧的特点是,电弧的过程主要决定于弧柱,电弧压降的大小主要由弧柱压降所决定。即长弧的电压是近极压降(阴极压降与阳极压降)与弧柱压降之和,即 $U = U_\text{阴} + U_\text{阳} + U_\text{柱}$。

(2) 短弧,即弧长小于弧径,两极距离极短(如几毫米)的电弧。此时两极的热作用强烈,近极区的过程起主要作用。电弧的压降以近极压降为主,几乎不随电流变化。

2. 按其电流的性质分类

电弧还可按其电流的性质分为直流电弧和交流电弧。

# 第3.2节 电弧产生和熄灭的物理过程

当触头开断,在触头间隙中有电弧燃烧时,电路仍然导通。这说明此时触头间隙的气体由绝缘状态变成了导电状态。气体呈导电状态的原因是由于原来的中性气体分解为电子和离子,即气体被游离,此过程称为气体的游离过程。气体游离出来的电子和离子在电场作用下各朝对应的极运动,便形成电流,从而造成触头虽然已开断,但电路却并未切断。但当电弧熄灭之后,电路就不再导通了。这说明此时触头间隙的气体恢复了介质强度,又呈现绝缘状态,即气体已经消除游离而恢复为中性。那么,气体是怎么游离和消游离的呢?

## 一、开断电路时电弧产生的物理过程

当触头开断电路,在间隙中产生电弧时,电路仍然是导通的。这就说明已分开的触头间的气体由绝缘状态变成了导电状态。那么,究竟有哪些物理过程在这个气体由不导电的状态变成导电状态过程中起作用了呢?下面就此进行一些分析。

金属材料表面在某些情况下能发射出自由电子,这种现象称为表面发射。自由电子的产生是由于金属内的电子得到能量,克服内部的吸引力而逸出金属。一个电子逸出金属所需能量称为逸出功,其单位用电子伏(eV)表示。不同金属材料逸出功的大小不一样。

从物质原子的结构而言,是由原子核与若干电子构成的。如果外界加到电子上的能量足够大,能使电子克服原子核的吸引力作用而成为自由电子,这种现象称为游离。游离所需的能量称为游离能。不同的物质其游离能不同。

触头开断电路时,产生电弧的原因主要有:阴极热发射电子;阴极冷发射电子;碰撞游离和热游离等。

1. 阴极热发射电子

触头开断过程中,触头间的接触面积逐渐减小,接触处的电阻越来越大,电流密度也逐渐增大,触头表面的温度剧增,金属内由于热运动急剧活跃的自由电子就克服内部的吸力而从阴极表面发射出来。这种主要是由于热作用所引起的发射称为热发射。

温度越低,逸出的功越大时,热发射的电流密度越小。

2. 阴极冷发射电子

在触头刚刚分开发生热发射的同时,由于触头之间的距离很小,线路电压在这很小的间隙内形成很高的电场。此电场将电子从阴极表面拉出,形成强电场发射。

在强电场发射中,并不需要热功的参与,所以强电场发射也称为冷发射。

当金属的温度越低、阴极表面电场越小时,电子发射的数量就越少。

通常阴极电子的发射,同时包含了热发射和冷发射的过程,只是不同的材料,热发射和冷发射的程度各不相同。

3. 碰撞游离

由于阴极热发射电子和阴极冷发射电子这两种发射的作用,大量电子从阴极表面进入弧隙。它们在电场的作用下,获得动能而加速,随着触头的分开不断地撞击气体的原子或分子(中性粒子);当此粒子具有的动能大于中性粒子的游离能时,该中性粒子则分解为带电荷的自由电子和正离子,这一现象称为碰撞游离(或称电场游离)。碰撞游离后出现的自由电子在电场作用下又可同其他中性粒子发生新的撞击和游离,使得自由电子和正离子数累进增加;弧隙中的中性气体就变为导电的自由电子与正离子。在电场作用下,它们向阴极、阳极运动,电弧形成,电路并未断开。若电子撞击中性粒子不足以使其立即游离,但经多次撞击,中性粒子所获得能量也使其发生了游离,这种过程称为累积游离。在带电粒子中,由于电子体小质轻,自由行程长,容易加速而获得能量,故其游离作用比正、负离子大得多。

4. 热游离

随着电弧的形成,在电弧燃烧时,弧隙中气体温度很高,气体中的中性原子或分子由于热运动而发生互相撞击,其结果也会造成游离,这就是热游离。热游离实质上也是碰撞游离,只不过发生碰撞的原因是高温引起而不是电场引起的。所以,温度越低,热游离越弱;相反温度越高,热游离越强。

中性粒子热游离的程度与温度的高低、气压的大小、物质的游离能大小有关。在高温状况下,金属材料容易发生气化,金属蒸气的游离能比气体的小得多。当气体中混有金属蒸气时,游离程度更加迅速。

由上可见,电弧的产生存在如下两个原因:

(1)由于热的作用,发生热发射和热游离。

(2)由于电场的作用,发生冷发射和碰撞游离,在气隙间出现大量电子流,使气体由绝缘体变成导体。

应该注意的是,在整个过程中几种物理作用并不是截然分开的,而是交叉进行或同时存在的。电弧燃烧期间,起主要作用的是热游离。因而,使电弧迅速冷却是熄灭电弧的主要方法。

从能量的角度来说,电弧燃烧时要从电源不断向电弧内部输入能量,而这个能量又不断转变为电弧的热量通过热传导、对流及热辐射 3 种方式散失。

设输入弧隙的功率为 $P_h(W)$,电弧散失功率为 $P_s(W)$,则:

当 $P_h = P_s$ 时,电弧电流不变,稳定燃烧;

当 $P_h > P_s$ 时,电弧电流变大,电弧越燃越烈;

当 $P_h < P_s$ 时,电弧电流变小,电弧逐渐熄灭。

## 二、电弧熄灭的物理过程

当电弧稳定燃烧时是处在热动平衡状态,此时不可能有电子和离子的积累。这说明电弧中发生气体游离现象的同时还存在一个相反的过程,称之为消游离。消游离就是正、负带电粒子中和而变成中性粒子的过程。消游离的方式分为两类:复合和扩散。

1. 复合

带异性电荷的粒子相遇后相互作用中和而变成中性粒子,称为复合。复合按其作用的地点不同,可分为表面复合和空间复合。

(1)表面复合。即指带正、负电荷的粒子附在金属或绝缘材料表面上,相互吸引而中和电荷,变成中性粒子。

(2)空间复合。即指带正、负电荷的粒子在放电间隙中相互吸引而中和电荷,变成中性粒子。自由电子与正离子相遇,相互吸引而中和电荷变成中性粒子,称为直接复合。由于自由电子的运动速度比正离子大得多,所以直接复合的概率很小。往往自由电子黏合在中性粒子上,再与正离子相遇而复合,中和电荷形成两个中性粒子。这种过程称为间接复合。因为正、负离子的运动速度相当,间接复合的概率大,约为直接复合的上千倍。自由电子黏合在中性粒子上形成负离子的强弱与气体的种类和纯净度有关。氟原子及其化合物 $SF_6$ 分子与自由电子的黏合作用很强,所以称为负电性气体。$SF_6$ 的复合能力很强,是比较理想的消游离绝缘介质,现已应用在高压断路器中。

显而易见,带电粒子运动速度是直接影响复合作用大小的重要因素。降低温度、减小电场强度可使粒子运动速度减小,易于复合;带电粒子浓度增大时,复合机会增多,复合作用也可以加强,在电弧电流不变的条件下,设法缩小电弧直径,则粒子浓度可增大。此外,加入大量的新鲜气体分子,也可增强复合作用。

复合过程总是伴随着能量的释放。释放出来的能量成为加热电极、绝缘物及气体的热源,同时也向四周散发。

2. 扩散

带电粒子从电弧区转移到周围介质中去的现象,称为扩散。电弧是一个电子和离子高度密集的空间,同时其中温度很高。它和气体分子一样,有均匀地分布在容积中的倾向,这样电子便从弧隙中向四周扩散,扩散出来的电子(或离子)因冷却互相结合而成为中性分子,这种过程的进行不在电弧的内部,而在电弧的表面空间进行。

扩散的方向一般为从高温、高浓度区向低温、低浓度区。扩散使电弧中的带电粒子减少。扩散出来的带电粒子因冷却很容易相互结合,中和电荷而形成中性粒子。扩散速度与电弧内外浓度差、温度差成正比。电弧直径越小,弧区中带电粒子浓度越大;电弧与周围介质温差越大,扩散速度均越大。因此,加速电弧的冷却是提高扩散作用的有效方法。

综上所述,电弧中存在着游离和消游离两方面的作用。当游离作用占优势时,电弧就会产生和扩大;当消游离作用占优势时,电弧就趋于熄灭;当游离作用和消游离作用处于均衡状态时,则弧隙中保持一定数量的电子流而处于稳定燃烧状态。游离和消游离作用与许多物理因素有关,如电场强度、温度、浓度、气体压力等。可以根据这些物理因素的变化影响情况,找出一些切实可行的方法,减小游离,增加消游离,使触头断开电路时产生的电弧尽快地熄灭。

## 第3.3节 直流电弧及其熄灭条件

### 一、直流电弧的伏安特性

直流电弧是指产生电弧的电路电源为直流。当直流电弧稳定燃烧时,电路仍是导通的,因而电弧中有电弧电流,电弧两端有电弧压降。电弧的伏安特性就是指电弧电压与电弧电流之间的关系曲线,它实质上是反映电弧内的物理过程,是电弧的重要特性之一。由于影响电弧伏安特性的因素很多,通常可用试验方法求得。

如图3-2中电路图所示,在两极中有一稳定燃烧的电弧。若是通过调节可变电阻 $R$ 的值非常缓慢地调节回路电流 $\left(\dfrac{\mathrm{d}i}{\mathrm{d}t}\to 0\right)$,在这个过程中分别测量电弧电流 $I_{\mathrm{DH}}$ 和电弧两端电压 $U_{\mathrm{DH}}$,可绘出其伏安特性,如图3-2中曲线1。

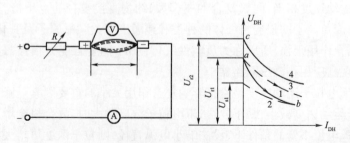

图3-2 直流电弧及其伏安特性

此伏安特性称为直流电弧的静伏安特性(简称静特性)。静特性是指在电弧稳定燃烧 $\left(\dfrac{di}{dt}=0\right)$ 条件下,电弧不受热惯性影响时,电弧电流与电弧压降的关系。

从曲线 1 可见,触头在开断直流电路时所产生的电弧,相当于在电路中串入一个非线性电阻,当电弧电流 $I_{DH}$ 增加时,电弧电压 $U_{DH}$ 减小。这与普通电路的情况相反。在普通电路中,当电流增加时,电阻上的电压也增加,这是因为电路中的电阻值不变的缘故。但在弧隙中,电弧电阻随着电弧电流而变化。随着电流的增大,电弧内的游离作用越来越激烈,离子浓度越来越大,导电性越好,其对外所呈现的电阻值越小,从而维持电弧稳定燃烧所需的电压也相应减小;反之,当电弧电流减少时,维持电弧稳定燃烧所需的电压相应增大。

若调节可变电阻 $R$ 来调节回路电流,让回路电流以一定速度增加 $\left(\dfrac{di}{dt}>0\right)$ 或减少 $\left(\dfrac{di}{dt}<0\right)$,则可得曲线 3 和 2。这时所得的伏安特性称为直流电弧的动伏安特性(简称动特性)。动特性是指在电弧不稳定燃烧条件下,电弧电流变化快,其热惯性对电弧有影响时,电弧电流与电弧压降的关系。由于电流变化速度不一样,动特性曲线有许多条。从图 3-2 中可得出,伏安特性曲线 1、2、3 并不重合,而且电流增加过程的伏安特性 3 位于静伏安特性 1 之上方,电流减小过程的伏安特性 2 位于静伏安特性 1 的下方。其原因是因为当回路电流以一定速度变化时,电弧内部有保持原来热状态(游离和消游离状态)的热惯性作用,致使电弧内部状态的变化总是滞后于回路电流的变化。当回路电流变化速度越大时,这种热惯性作用就越明显。电弧的电阻不同于相应点应有的电阻值,电弧的压降同样就和相应点的压降不同。

在图 3-2 中,静特性曲线 1 与纵轴交点的电压值称为燃弧电压,用 $U_{rl}$ 表示。所谓燃弧电压,就是产生电弧所必需的最低电压,电压低于此值,就不足以点燃电弧。伏安特性曲线 2 与纵轴交点的电压值称为熄弧电压,用 $U_{sl}$ 表示。所谓熄弧电压,就是指熄灭电弧的最高电压,电压高于此值,电弧将不能熄灭。熄弧电压总是小于燃弧电压,其原因是燃弧前弧隙中介质强度高,即游离程度小,要形成电弧就必须具有较高的电压。燃弧电压应比维持电弧所需的最低电压要高。电弧在燃烧过程中游离程度高,介质强度低,维持其燃烧的最低电压就低,而熄弧电压应比这个电压还要低,所以熄弧电压 $U_{sl}$ 总是小于燃弧电压 $U_{rl}$。

电弧的静伏安特性与弧长有关。在其他条件相同时,弧长 $L$ 越长,静伏安特性越向上移,如图 3-2 中曲线 4 所示。其原因如下:在同一电流情况下,电弧单位长度的电阻值不变,电弧拉长后的总电阻增加,因而电弧的电压就增大了。由于静伏安特性向上平移,燃弧电压和熄弧电压也都要增加。从这个角度来说,拉长电弧,可以加速电弧的熄灭。

## 二、直流电弧的熄灭

设有如图 3-3a)所示典型的直流电弧电路,$E$ 为电源电势,$L$ 和 $R$ 分别为电路中与电弧串联的电感和电阻。根据克希荷夫第二定律,可写出电压平衡方程式:

$$E = V_{DH} + iR + L\dfrac{di}{dt} \tag{3-1}$$

由于电弧的电阻呈非线性的特点,以采用图解法为便。将式(3-1)中各项的伏安特性表示在同一坐标系中,以便分析其相互间的关系。如图 3-3b)所示,曲线 2 为电弧的静伏安特性,直线 1 为 $E-iR$。从图中可以得出:直线 1 与曲线 2 相交于 $A$、$B$ 两点,其对应的电流值为 $i_A$ 与 $i_B$。

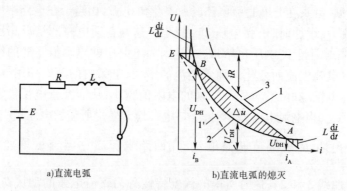

图 3-3　开断电感电路的直流电弧及其熄灭

一个直流电弧能够稳定燃烧的条件是有稳定燃烧点,即 $\dfrac{di}{dt}=0$。那么,要想使直流电弧熄灭,就应该做到消除稳定燃烧点,且 $\dfrac{di}{dt}<0$。从图形来看就应该是曲线 2 与直线 1 没有交点,且曲线 2 位于直线 1 的上方。要想达到这个目的,图形上的变化可有很多种,但结合实际来考虑,将曲线 2 向上平移至 3 的做法最为可行。从其代表的物理意义上来讲,就是将电弧拉长。所以,拉长电弧对熄灭直流电弧是最常用的方法,而且拉长的方式也有多种。

还有一种方法也能使直流电弧熄灭,那就是在电弧两端并联电阻,如图 3-4 所示。从图形上看,由于 $i=i_h+i_{Rb}$,使得电弧两端的伏安特性发生了变化,满足了直流电弧熄灭的条件,电弧将熄灭。这种方法有一定的缺陷,即电弧虽熄灭了,但电路并未断开。所以要利用这种方法,还必须安装附加开关以分断并联电阻电路。

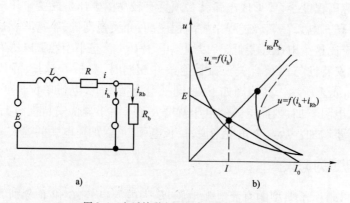

图 3-4　电弧并联电阻电路及其伏安特性

### 三、断开感性电路的过电压

为了减小电弧对触头及电器的烧损,通常希望熄弧时间越短越好。但是在断开感性电路时,若熄弧时间过短,电感中将产生很大的自感电势,也就是 $L\dfrac{di}{dt}$ 的值很大。其数值常比电源电压大好多倍,通常称之为过电压。为了区别于大气过电压,将此称为内部过电压(或操作过电压)。过电压产生后,一方面,可能将电器设备的绝缘击穿,引起破坏性故障;另一方面,可能击穿弧隙,使电弧重燃。为此必须加以防止和限制。

断开感性电路产生过电压的根本原因,在于储存在电感中的磁场能量要在非常短暂的时间内释放出来并消耗掉。如果能将磁场能量逐渐地消耗在电阻上就可以控制此时的过电压。

以下几种方法均能将电感中的磁场能量逐渐地消耗在电阻上或者延长电路电流变化的时间,起到抑制过电压的作用。图 3-5a)中所表示的方法,其缺点是在正常工作时,附加电阻有功率损耗。图 3-5b)中的情况,在正常工作时电容充电达到电源电势,在附加电阻上没有功率消耗。图 3-5c)所示情况,在正常工作时二极管的反向电流很小,其上的功率损耗亦很小。

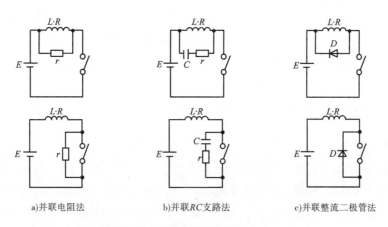

a)并联电阻法　　　　b)并联RC支路法　　　　c)并联整流二极管法

图 3-5　减小直流电弧熄灭时过电压的方法

## 第3.4节　交流电弧及其熄灭条件

### 一、交流电弧的伏安特性

交流电弧与直流电弧有所不同,交流电流的瞬时值随时间变化,每周期内有两次过零点。电流经过零点时,弧隙的输入能量等于零,电弧温度下降,电弧自然熄灭。然后随着电压和电流的变化,电弧重新燃烧。因此,交流电弧的燃烧,实际上就是电弧的点燃、熄灭周而复始的过程。这个特点也反映在它的伏安特性中。

图 3-6 所示为交流电弧在一周内的伏安特性。图中箭头方向表示了电流变化和方向。从 $O$ 点开始,因电弧还未产生,所以随着电压的增加只有小量的由阴极发射产生的电流。到 $A$ 点时电弧点燃,再随着电流的增大,电弧电阻减小,电弧压降也下降,直到 $B$ 点,此时弧电流达到峰值。在 $B$ 点后随着电流的减小,弧电阻增加,电弧压降上升。变化到 $C$ 点时,电弧电流趋近于零,电压达到熄弧电压,电弧熄灭。当电流过零点后,在第三象限重复上述规律。

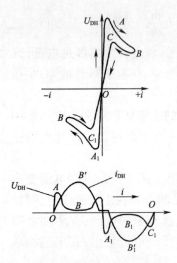

图 3-6　交流电弧的伏安特性

显然,由于交流电弧自身所具有的不断变化值,它的伏安特性都是动特性。由于热惯性作用,弧电流绝对值从小到大的特性曲线与弧电流绝对值从大变小的特性曲线不重合,这种现象称为"弧滞"。

按照交流电弧的上述特性,交流电弧电流通过零点时,由于电源停止供给电弧能量,热游离迅速下降,为电弧的最终熄灭创造了最有利的条件;此时只要采取一定的消游离措施,使少量的剩余离子复合,就能防止电弧在下半周重燃,使电弧最终熄灭。因此,交流电弧比直流电弧容易熄灭。通常把利用电弧电流自然过零的特点进行的熄弧,称为零点熄弧原理。

## 二、交流电弧过零后的物理过程

交流电弧由于弧电流过零时,电源停止供给能量,电弧自然熄灭。但是交流电弧过零自然熄灭后,还会重新燃烧。所以,怎样防止电弧重燃就是研究交流电弧的重点。为此,将研究在电流通过零点时弧隙中存在的物理过程,了解哪些因素能使电弧重燃,哪些因素抑制电弧重燃;从这一观点出发,凡是抑制电弧重燃的因素,或是加强不利于电弧重燃的因素,都可以促使交流电弧熄灭。

交流电弧电流过零期间,同时存在"介质强度恢复和弧隙电压恢复"这两个对立的基本过程。

1. 介质强度恢复过程

交流电弧过零熄灭后,由于弧电流值下降至零,弧隙温度迅速下降,促进了消游离作用,使弧隙由原来的导电状态转变为绝缘介质状态,此过程称为介质强度恢复过程。这是促使电弧熄灭的因素。这个过程的快慢与许多因素,例如:温度、散热情况、空间位置等有关。在靠近两极的区域,由于金属材料的传热性好,所以此区域的温度要比弧柱区的温度低,故此处的介质强度恢复要比弧柱区快。

近阴极效应也是影响介质强度恢复过程的一个因素,如图 3-7 所示。电流过零后,两电极改变极性,原来的阴极改变为新的阳极,而原来的阳极改变为新的阴极。电场方向的改变,弧隙中剩余电子和离子的运动方向也应随之改变。但是由于电子的质量远比正离子质量小得多,因而电子的运动方向改变要远比正离子灵敏得多,形成电子很快向新阳极运动,而正离子在此瞬间几乎停止在原地,来不及向新阴极运动。新的阴极此时还不能形成强电场发射电子与热发射。因此,在新的阴极附近就存在一层没有电子而只有正离子的空间,相

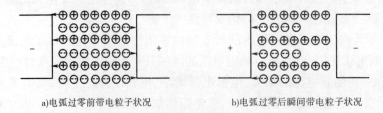

a)电弧过零前带电粒子状况　　　　　b)电弧过零后瞬间带电粒子状况

图 3-7　近阴极效应

当于形成了一薄层绝缘介质,如图3-7b)所示。从电路的角度来看,必须加一定的电压才能将此绝缘薄层击穿,电弧才会重燃,弧隙重新导电。这个击穿电压值,称为弧隙的起始介质强度。起始介质强度在电流过零后1μs内就会出现,这种在交流电弧电流过零后弧隙几乎立即出现一定的介质强度的现象,称为交流电弧的近阴极效应。

试验证明:近阴极效应所产生的起始介质强度与电极材料、温度,特别是所通过的电流有关。其数值在40~250V之间。电流越大,其值越低。近阴极效应是交流短弧熄弧的主要因素,是低压交流电器的主要熄弧方法。

通常把弧隙间介质强度恢复随时间变化的关系,称为弧隙介质恢复强度特性。此特性可通过试验测出并用图形表示,如图3-8所示。图中的OA段与近阴极效应产生的起始介质强度有关,AB段与电弧熄灭的方法和装置有关。灭弧装置效果越好,图中的α角就越大,说明介质强度恢复速度越快。

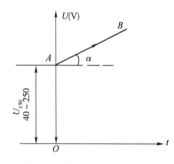

图3-8 介质强度恢复特性

**2. 弧隙电压恢复过程**

在交流电路中,电流过零电弧熄灭后,触头两端电压从熄弧电压恢复到电源电压的过程,称电压恢复过程。这个过程根据线路参数情况的不同形成较为复杂的情况。因为在实际中,触头两端电压不是从熄弧电压立即恢复到电源电压,而是要经过一段过程,而且这个过程会呈现振荡或非振荡现象。如图3-9a)所示,为一非振荡恢复过程,而图3-9b)为一振荡恢复过程。发生这种现象的原因是:触头所接的线路中总是存在着电感和电阻。此外,线路中的导线对地之间、发电机的绕组之间都存在着电容。这样,由于电阻、电感和电容的作用,就可能产生振荡现象。由于电压恢复过程是使电弧重燃的因素,很显然,周期振荡电压恢复过程中有较高的电压峰值,对电弧不再重燃是十分不利的,所以也是应该尽量避免的。

将恢复过程中的电压,称为恢复电压。从图3-9可以看出,恢复电压可由两部分组成:稳态分量和暂态分量。稳态分量一般称工频恢复电压,暂态分量则根据线路负载情况不同呈较复杂情况。在交流电弧开断过程中,对于不同性质的负载,触头上电压变化过程不同。

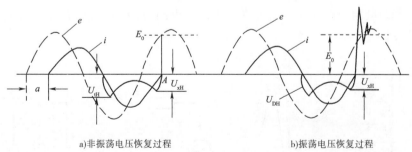

a)非振荡电压恢复过程　　　　　b)振荡电压恢复过程

图3-9 电压恢复过程

从触头的结构形式来说,由于双断点结构时恢复电压是作用在两个断口上,使每个断口的电压值比一个断口时的要低,所以电弧容易熄灭。

## 三、交流电弧熄灭的条件

上文所述,交流电弧过零后弧隙间介质强度的恢复和电压的恢复是两个对立的过程。因为介质强度恢复过程主要是弧隙内部带电粒子不断减少的过程,而电压恢复过程则相反,它使弧隙中的气体产生新的游离而使带电粒子不断增加。那么可以简单地确定交流电弧熄灭条件为:交流电弧电流过零后,如果弧隙介质强度恢复的速度超过了弧隙电压恢复的速度,则电弧熄灭。反之,电弧重燃,如图 3-10 所示。

在实际中,由于介质恢复过程与电压恢复过程是相互联系又相互影响的,所以情况较为复杂。如果恢复电压上升得快,弧隙游离加强,使得介质强度恢复速度减慢。如果介质强度增长的速度快,它又对恢复电压上升起阻尼作用。因此,在交流电弧熄灭过程中有如下两个方面的因素要加以考虑:

(1)交流电弧电流过零是最有利的灭弧时机。这时输入弧隙的功率趋近于零,如电弧散失的功率大于此时由电源输入的功率,电弧就会熄灭。如果熄弧措施太强,使电弧电流提前强制过零,这时交流电弧的熄灭与直流电弧相同,会造成熄弧困难。

(2)对交流电弧的电路参数而言,电源电压越高,恢复电压峰值也越高,熄弧也越困难。电弧熄灭前电路的电流越大,电弧功率越大,熄弧越困难。电路中电感比例越大,熄弧越困难。

为了使交流电弧过零点后不再重燃,总的来讲可减小恢复电压增长速度和增加介质强度恢复速度。

增加介质强度恢复速度,在实际运用中效果较显著的方法主要就是通过金属栅片将电弧分割成许多短弧,这样每一个短弧相当于处在一对电极之中,电流过零后,就产生近阴极效应。此时起始介质强度之和比一对极下产生的强度扩大了许多倍。当外界加在电弧两端的电压小于此值时,电弧在过零后就不再重燃。

对于减小恢复电压增长速度,抑制电弧重燃,一般采用的方法为在弧隙两端并联一电阻 $r_m$,如图 3-11 所示。其原理如下:在弧电流经过零点前后几十微秒内,$i_{DH} \approx 0$,所以可近似认为 $R_{DH} \approx \infty$。此时 $i$ 分成向电容 $C$ 充电的电流 $i_1$ 和流经 $r_m$ 的电流 $i_2$。由于 $r_m$ 分流了 $i_2$,使电容 $C$ 的充电时间加长,即 $a$、$b$ 两端电压的增长速度变慢,因此就抑制了燃弧因素。从熄灭电弧的角度出发,分流电阻 $r_m$ 的值越小越好,但 $r_m$ 值过小,在正常情况下损耗过大。所以希望 $r_m$ 在正常工作时其阻值很大,$i_2 \approx 0$;而在触头断开电路时,要求 $r_m$ 值很小。为此,一般用非线性电阻较好。

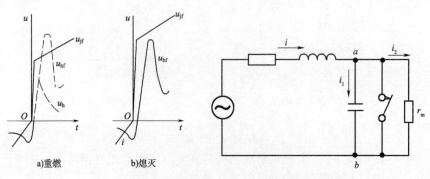

图 3-10 交流电弧熄灭的条件　　　　图 3-11 并联电阻灭弧原理

## 第3.5节 熄灭电弧的方法及装置

通过前面的一系列理论分析,可以找出加速电弧熄灭的很多方法,例如:拉长电弧、降低温度、将长弧变为短弧、将电弧放置于特殊介质中,增大电弧周围气体介质的压力等。为了减少电弧对触头的烧损和限制电弧扩展的空间,通常要将这些方法加以应用,为此而采用的装置称为灭弧装置。一个灭弧装置可以采用一种方法进行熄弧,但在大多数情况下,则是综合采用几种方法,以增强灭弧效果。例如:拉长和冷却电弧往往是一起运用的。

### 一、磁吹灭弧

磁吹灭弧是利用外加电动力使电弧拉长以致熄灭的灭弧方法。其实,在电器装置中,电器触头分断过程实际上就是将电弧不断地拉长。如刀开关中闸刀的拉开也拉长电弧,电焊过程中将焊钳提高可使电弧拉长并熄灭。电弧的拉长可以沿电弧的轴向(纵向)拉长,也可以沿垂直于电弧轴向(横向)拉长。如图3-12所示,$F_1$为纵向拉长力;$F_2$、$F_3$为横向拉长力。

触头分离时产生的回路电动力对电弧的拉长原理,如图3-13所示。

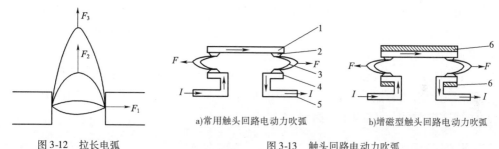

a)常用触头回路电动力吹弧　　b)增磁型触头回路电动力吹弧

图3-12 拉长电弧　　图3-13 触头回路电动力吹弧

1-触头桥;2-动触头;3-电弧;4-静触头;5-静触头座;6-磁性片

载流导体之间会产生电动力,如果把电弧看作一根软导体,那么当它受到电动力时就会发生变形,即拉长。如图3-13所示,在一对桥式双断点结构形式的触头断开时,电弧受回路电动力$F$的作用被横向拉长,也就是图3-12中受$F_2$作用力的情况。横向拉长时电弧与周围介质发生相对运动而加强了冷却,这样就加速了电弧的熄灭。如图3-13b)所示,有时为了使磁场集中,在触头上添加磁性片6,以增大吹弧力。

电弧拉长以后,电弧电压就增大,改变了电弧的伏安特性。在直流电弧中,其静伏安特性上移,电弧可以熄灭;在交流电弧中,由于燃弧电压的提高,电弧重燃困难。

因利用回路本身灭弧的电动力不够大,电弧拉长和运动的速度都较小,所以这种方法一般仅用于小容量的电器中。开断大电流时,为了有较大的电动力而专门设置了一个产生磁场的吹弧线圈,这种利用磁场力使电弧运动而熄灭的方法称为磁吹灭弧,如图3-14所示。由于这个磁场力比较大,其拉长电弧的效果也较好,如图3-12中$F_3$所示的情况。

在图3-14中,磁吹线圈4是接在引出线和静触头6之

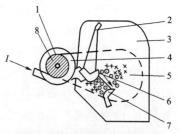

图3-14 磁吹灭弧装置示意图

1-磁吹铁芯;2-导弧角;3-灭弧罩;4-磁吹线圈;5-磁夹板;6-静触头;7-动触头;8-绝缘套

间,通过绝缘套与磁吹铁芯绝缘,导弧角2和静触头6固装在一起。磁吹线圈4中的磁吹铁芯1两端各装有一片导磁夹板5;磁夹板5同时夹于灭弧室两侧,用来加强弧区磁场。设在灭弧室中的动静触头就处在磁板之间。

当触头分开有电弧燃烧时,磁吹线圈和电弧本身均在电弧周围产生磁场。由图3-14可见,在弧柱下方一侧,磁吹线圈的磁通和电弧的磁通是相叠加的,而在弧柱上方一侧,两磁通是相削弱的,因此就产生磁吹力。电弧在磁吹力的作用下发生运动,电弧被拉长,电弧的根部离开静触头而移到导弧角2上,进一步拉长电弧,使电弧迅速熄灭。

导弧角2是根据回路电动力原理设置的,用来引导电弧很快离开触头且按一定方向运动,以保护触头接触面免受电弧的烧伤。

由于磁吹线圈与电路的连接方式不同而形成串激线圈和并激线圈。

上面所介绍的这种磁吹线圈和触头相串联的激磁方法称为串激法。它的优点是:电流流向改变但磁吹力方向不变,即磁吹方向不随电流极性的改变而改变。具有这种磁吹的电器称为"无极性电器"。同时因为是串激,通过磁吹线圈的电流与弧电流相同,因此弧电流越大则灭弧效力就越强;反之弧电流小时,灭弧效力就弱。所以,串激法适用于切断大电流的电器中。

在熄灭直流电弧时,外加磁场除了串激法外,还有并激法和它激法。它们的工作原理相同。

并激法的磁吹线圈不是和负载回路串联,而是直接跨接在电源上。它的优点是,可产生一个与回路电流无关的恒定磁场。这样,在一定的恒定磁场下,不论开断大电流或小电流,都可使电弧很快熄灭。但是,由此产生的缺点是使电器的接线带有极性,即当触头上电流反向时,必须同时改变并激线圈的极性,否则磁吹力就会反向,所以使用中不太方便。

它激法是用永久磁铁来代替并激法的磁吹线圈,它的磁吹特性和并激法相似。不同点是无须线圈和电源,因而结构更趋简单。

## 二、灭弧罩灭弧

灭弧罩是让电弧与固体介质相接触,降低电弧温度,从而加速电弧熄灭的比较常用的装置。其结构形式是多种多样的,但其基本构成单元为"缝"。将灭弧罩壁与壁之间构成的间隙称为"缝"。根据缝的数量可分为单缝和多缝。根据缝的宽度与电弧直径之比可分为窄缝与宽缝。缝的宽度小于电弧直径的称窄缝,反之,大于电弧直径的称宽缝。根据缝的轴线与电弧轴线间的相对位置关系可分为纵缝与横缝。缝的轴线和电弧轴线相平行的称为纵缝;缝的轴线和电弧轴线相垂直的则称为横缝。

1. 纵缝灭弧罩

(1)纵向窄缝式灭弧罩:图3-15所示为一纵向窄缝的灭弧情况。当电弧受力被拉入窄缝后,电弧与缝壁能紧密接触。在继续受力情况下,电弧在移动过程中能不断改变与缝壁接触的部位,因而冷却效果好,对熄弧有利。但是在频繁开断电流时,缝内残余的游离气体不易排出,这对熄弧不利。所以,此种形式适用于操作频率不高的场合。

(2)纵向宽缝式灭弧罩:图3-16所示为一纵向宽缝的灭弧情况。宽缝灭弧罩的特点与窄缝的正好相反,冷却效果差,但排出残余游离气体的性能好。图3-16中所示情况是将一宽缝中又设置了若干绝缘隔板,这样就形成了纵向多缝。电弧进入灭弧罩后,被隔板分成两个直径较原来小的电弧,并和缝壁接触而冷却,冷却效果加强,熄弧性能提高。此外,由于缝较宽,熄弧后残存的游离气体容易排出。所以,这种结构形式适用于较频繁开断的场合。

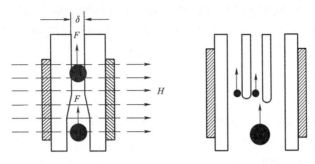

图 3-15　纵向窄缝式灭弧罩　　　图 3-16　纵向宽缝式灭弧罩

（3）纵向曲缝式灭弧罩:图 3-17 所示为纵向曲缝式灭弧罩的灭弧情况。纵向曲缝式又称迷宫式,它的缝壁制成凹凸相间的齿状,上下齿相互错开。同时,在电弧进入处齿长较短,越往深处,齿长越长。当电弧受到外力作用从下向上进入灭弧罩的过程中,它不仅与缝壁接触面积越来越大,而且长度也越来越长。这就加强了冷却作用,具有很强的灭弧能力。但是,也正因为缝隙越往深处越小,电弧在缝内运动时受到的阻力越来越大。所以,这种结构形式的灭弧罩,一定要配合以较大的让电弧运动的力。否则,其灭弧效果反而不好。

2. 横缝灭弧罩

为了加强冷却效果,横缝灭弧罩往往以多缝的结构形式使用,也就是称为横向绝缘栅片,如图 3-18 所示。当电弧进入灭弧罩后,受到绝缘栅片的阻挡,电弧在外力作用下便发生弯曲,从而拉长了电弧,并加强了冷却。为了分析电弧与绝缘栅片接触时的情况,以图 3-19 来放大说明:设磁通方向为垂直向里,电弧 AB、BC 和 CD 段所受的电动力都使电弧压向绝缘栅片顶部,而 DE 段所受的电动力使电弧拉长,CD 段和 EF 段相互作用产生斥力。这些力的作用,使电弧拉长并与缝壁接触面增大而且紧密,所以能收到比较好的灭弧效果。

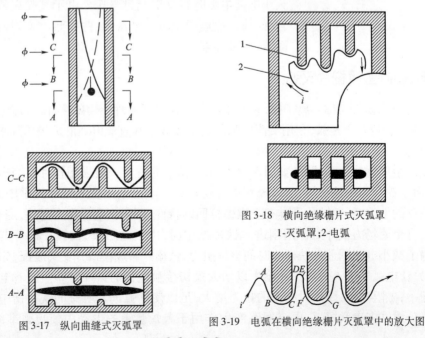

图 3-17　纵向曲缝式灭弧罩

图 3-18　横向绝缘栅片式灭弧罩
1—灭弧罩；2—电弧

图 3-19　电弧在横向绝缘栅片灭弧罩中的放大图

由于灭弧罩要受电弧高温的作用,所以对灭弧罩的材料也有一定的要求,如:受电弧高温作用不会因热变形、绝缘性能不会下降,机械强度好且易加工制造等。灭弧罩材料过去广泛采用石棉水泥和陶土材料;现在逐渐改为采用耐弧陶瓷和耐弧塑料,它们在耐弧性能与机械强度方面都有所提高。

### 三、油冷灭弧

油冷灭弧是将电弧置于液体介质(一般为变压器油)中,电弧将油汽化、分解而形成油气。油气中主要成分是氢,在油中以气泡的形式包围电弧。氢气具有很高的导热系数,这就使电弧的热量容易散发。另外,由于存在温度差,所以气泡产生运动,又进一步加强了电弧的冷却。若再要提高其灭弧效果,可在油箱中加设一定机构,使电弧产生定向运动,这就是油吹灭弧。由于电弧在油中灭弧能力比大气中拉长电弧大得多,所以这种方法一般用于高压电器中,如油开关。

### 四、气吹灭弧

气吹灭弧是利用压缩空气来熄灭电弧的。压缩空气作用于电弧,可以很好地冷却电弧、提高电弧区的压力、很快带走残余的游离气体,所以有较高的灭弧性能。按照气流吹弧的方向,它可以分为横吹和纵吹两类。横吹灭弧装置的绝缘件结构复杂,电流小时横吹过强会引起很高的过电压,故已被淘汰。图 3-20 表示了纵吹(径向吹)的一种形式。压缩空气沿电弧径向吹入,然后通过动触头的喷口、内孔向大气排出,电弧的弧根能很快被吹离触头表面,因而触头接触表面不易烧损。因为压缩空气的压力与电弧本身无关,所以使用气吹灭弧时要注意熄灭小电流电弧时容易引起过电压。由于气吹灭弧的灭弧能力较强,故一般运用在高压电器中,例如韶山系列机车的空气断路器(主断路器)。

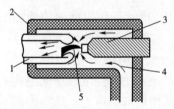

图 3-20 气吹灭弧装置
1-动触头;2-灭弧室瓷罩;3-静触头;
4-压缩空气;5-电弧

### 五、横向金属栅片灭弧

横向金属栅片又称去离子栅,它利用的是短弧灭弧原理。用磁性材料的金属片置于电弧中,将电弧分成若干短弧,利用交流电弧的近阴极效应和直流电弧的近极压降来达到熄灭电弧的目的。

横向金属栅片灭弧情况,如图 3-21 所示。栅片的材料一般采用铁片。当电弧靠近铁栅片时,由于铁片为磁性材料,所以栅片本身就具有一个把电弧拉入栅片的磁场力(当电弧移近金属栅的上沿时,铁栅片又具有把电弧拉回的特性,可防止电弧逸出栅外、烧损它物)。当电弧被这个磁场力或外力作用刚进入铁片栅中时,由于磁阻较大,铁片栅对电弧的吸力不大。为了减小电弧刚进入铁栅片时的空气阻力,铁栅片做成楔口并交叉装配,如图 3-21b)所示,即只让电弧先进入一半铁片栅中以增大最初接触电弧的铁片片距。随着电弧继续进入铁片栅中,磁阻减小,铁片对电弧的拉力增大,足以使电弧进入所有的铁片栅中。电弧进入栅片后分成许多串联短弧,电流回路产生作用于各短弧上的电动力使短弧继续产生运动。

此时应注意短弧被拉回向触头方向运动的力,它会使电弧重燃并烧损触头。为了消除这种现象,可以采用凹形栅片和 O 形栅片。铁栅片在使用时一般外表面要镀上一层铜,以增大传热能力和防止铁片生锈。

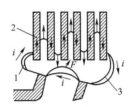 

　　a)电弧在横向金属栅中状况　　b)横向金属栅对电弧的作用　　c)横向金属栅灭弧原理

图 3-21　横向金属栅片灭弧罩结构、原理示意图
1-入栅片前的电弧;2-金属栅;3-入栅片后的电弧

横向金属栅片灭弧装置主要用于交流电器,因为它可将起始介质强度成倍地增长。对于直流电弧而言,因无近阴极效应,只能靠成倍提高极旁压降来进行灭弧。由于极旁压降值较小,要想达到较好的灭弧效果,金属栅片的数量太大,会造成灭弧装置体积庞大,所以直流电器中很少采用。

## 六、真空灭弧

真空灭弧是使触头电弧的产生和熄灭在真空中进行,它是依据零点熄弧原理,以真空为熄弧介质工作的。

在真空中气体很稀薄,电子的自由行程远大于触头间的距离。当真空度为 $10^{-5}$mm 汞柱时,电子的自由行程达 43m。自由电子在弧隙中作定向运动时几乎不会和气体分子或原子相碰撞,不会产生碰撞游离。所以,将触头置于真空中断开时产生的电弧则是由于阴极发射电子和产生的金属蒸气被电离而形成的。当电弧电流接近零时,阴极发射的电子和金属蒸气减少,弧隙中残留的金属蒸气和等离子体向周围真空迅速扩散。这样,弧隙可以在数微秒之内由导电状态恢复到真空间隙的绝缘水平。因此,在真空中触头有很高的介质恢复速度、绝缘能力和分断电流的能力。

真空电弧按其电流的大小,可分为扩散弧和收缩弧两种。扩散弧的电流较小(几百至几千安培),此时电弧分裂为许多并联的支弧。每一支弧有自己的阴极斑点和弧柱,阴极斑点互相排斥且均匀分布在阴极上。在电磁场的作用下阴极斑点不断地沿左旋方向运动,触头表面的平均温度较低且分布均匀。阳极此时不存在阳极斑点。阴极斑点既发射电子又产生金属蒸气。当电流接近于零值时,最终只剩下一个斑点。电流过零时,电弧自行熄灭。当扩散弧的电流增加到足够大时,阴极斑点相互聚成一团,运动速度很小甚至不再运动。阴极表面不但产生大量的金属蒸气,而且有一部分金属直接以颗粒或液滴的形式向弧隙喷射。阳极此时也出现炽热的阳极斑点且蒸发和喷射一定数量的金属,触头的电磨损迅速增加。当真空灭弧装置中出现收缩弧后,就不能再开断电路。电弧由扩散弧转变为收缩弧的电流,也就是该真空灭弧装置的极限开断电流,它随触头材料和直径大小而不同。

在开断交流电路时,当被开断的电流减小到某一数值时,扩散弧会发生电流突然被截断的现象,称之为截流。这样,在开断感性负载电流时,弧隙上将产生很高的过电压,这是使用真空灭弧装置应注意的问题。

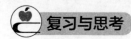 复习与思考

1. 简述电弧产生与熄灭的物理过程。
2. 分析直流电弧和交流电弧熄灭的条件。
3. 分析各种灭弧装置或灭弧方法和灭弧的原理。

# 第4章 触 头

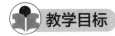

1. 了解触头的分类及触头的接触方式。
2. 掌握触头主要技术参数的含义。
3. 了解触头接触电阻产生的原因及减小方法。
4. 掌握触头振动的原因及减小振动的方法。
5. 了解触头磨损的原因。
6. 掌握减小触头电腐蚀的方法。
7. 了解触头的材料。

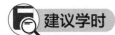

4 学时

电路的通断和转换是通过电器来实现的,触头是有触点电器完成其职能的执行机构,是有触点电器极重要的组成部分。触头工作的优劣直接影响电器的性能。但由于它经常受到机械撞击、发热及电弧等的有害作用,极易损坏,所以它也是有触点电器的一个薄弱环节。

本章对触头的一些基本参数作一介绍,并就触头在不同工作状态下出现的主要问题,如接触电阻、振动等,进行一定的分析,找出减少其危害的一些实用方法。

## 第4.1节 概 述

### 一、对触头的基本要求

根据触头的工作情况,为了保证电器可靠工作和有足够的寿命,对触头有如下要求:
(1)工作可靠,接触电阻要小。
(2)有足够的机械强度。
(3)长期通过额定电流时,温升不超过规定值。
(4)通过短路电流时,有足够的电动稳定性与热稳定性。
(5)有足够抵抗外界腐蚀(如氧化、化学气体腐蚀)的能力。
(6)寿命长。
此外,还要求触头所用的材料要少,质量小,价格便宜,便于制造和维修。

## 二、触头的分类

触头可按以下方法分类：

(1) 按触头工作情况，可分为有载开闭和无载开闭两种。前者在触头开断或闭合过程中，允许触头中有电流通过；后者在触头开断或闭合过程中，不允许触头中有电流通过，而在闭合后才允许触头中通过电流，如转换开关等。无载开闭触头，由于触头开断时无载，故无电弧产生，对触头的工作十分有利。

(2) 按开断点数目，可分为单断点式和双断点式触头。

(3) 按触头正常工作位置，可分为常开触头和常闭触头。

(4) 按结构和形状，可分为指形触头和桥式触头等。

(5) 按触头相互运动状态，可分为滑动式和滚动式两种。后者比前者的机械磨损小，传动力也大为减小。

(6) 按触头的接触方式，可分为点接触、线接触和面接触3种。

## 三、触头接触面形式的选择

触头接触面形式分为点接触、线接触和面接触3种，如图4-1所示。触头对电路电流的接通，是通过其接触面来实现的，所以接触面形式对触头的工作性能起着重要的作用。在设计电器时，对触头接触面形式应有合理的选择。

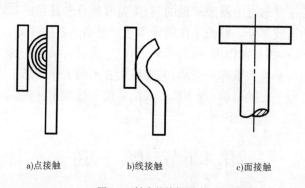

a) 点接触　　　b) 线接触　　　c) 面接触

图4-1　触头的接触形式

对于点、线、面3种接触形式，它们各自的特点和适用场合如下。

1. 点接触

点接触触头是指两个导体只在一点或者很小的面积上发生接触的触头（如球面对球面，球面对平面）。触头间是"点"与"点"的接触。在同样的触头压力下，它的单位压力大，因此，可得到较小的接触电阻。但其散热条件差，用于大电流是不合适的。同时，点接触的机械强度较弱，只适用于开断负荷小的触头。如多用于10A以下的继电器，以及接触器和自动开关的联锁触头等，一般控制电路的触头都采用点接触形式。由于接触面积小，保证其工作可靠性所需的接触互压力也较小。

2. 线接触

线接触是指两个导体沿着线或较窄的面积发生的接触（如圆柱对圆柱、圆柱对平面）。在同一压力条件下，线接触的接触电阻比前两种较低。其原因是触头的压力强度和实际接触面得到了适当配合。面接触的接触点虽较多,但压力强度小,点接触的压力强度虽高,但接触点少,因此它们的接触电阻都比线接触情况大。另外,线接触容易做到触头间有滑动和滚动,从而使触头的工作条件得到改善。同时,线接触触头的制造、调整、装配均比较方便,因而被广泛地采用。线接触常用于几十安至几百安电流的中等容量的电器,如接触器、自动开关及高压开关电器的主触头。

3. 面接触

面接触是指两个导体有着较广的表面发生接触(如平面对平面)。其接触面积和触头压力均较大。由于其触头在开闭过程中接触面间无相对滑移,不能清除氧化膜等高电阻物质,所以在此种触头面上须嵌上贵重的银片。而且面接触的接触电阻很不稳定,当外界对接触面稍有一些破坏或者装配不当时,都会使接触电阻大大增加。所以此种形式应用较少,仅用于大电流、接触压力大的场合,如固定母线接触、大容量的接触器和断路器的主触头。闸刀开关常采用面接触的形式。

触头实现电连接,一般采用触头弹簧压紧,压力较小,并考虑到装配检修的方便和工作可靠,多采用点接触或线接触的形式。在近代高压断路器和低压自动开关中,有的采用多个线接触和点接触并联使用,以减小接触电阻,使得工作可靠,制造检修方便。

### 四、触头的参数

触头的参数主要有触头的结构尺寸、开距、超程、研距、初压力和终压力等。

1. 触头的结构尺寸

触头的结构尺寸主要是根据触头工作时的发热条件确定,同时要考虑它的机械强度与工作寿命等条件。

2. 触头的开距

触头处于断开位置时,动静触头之间的最小距离 $s$ 称为触头的开距(或行程),如图 4-2 所示。

开距是触头的一个主要参数。它不仅要保证在开断正常电流时能可靠地熄弧,而且还能使触头间具有足够的绝缘能力,当电源出现不正常的过电压时不致击穿。它不仅影响触头与灭弧系统的尺寸,而且影响电磁传动机构的尺寸。

a)断开状态

从减小电器的尺寸和减少触头闭合时振动的观点出发,在保证可靠开断电路的原则下,触头开距越小越好。触头开距的大小与开断电流大小、线路电压、线路参数以及灭弧装置等有关。

3. 触头的超程

触头的超程是指触头对完全闭合后,若将静触头移开,动触头则在触头弹簧的作用下继续前移的距离 $r$,如图 4-2 所示。

触头超程是用来保证在触头允许磨损的范围内仍能可靠地接触。一般在计算时选取超程 $r=(0.6\sim0.8)t$,式中 $t$ 为新触头的厚度。但应指出,超程不宜取得过大,因为当超程大时,在一定的吸力情况下,触头的初压力相应要小些。而初压力小,对减小触头振动是不利的。

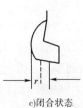

b)刚接触时

c)闭合状态

图 4-2 触头的参数

**4. 触头的研距**

动触头和静触头接触过程中,触头接触表面既有滚动,又有滑动,这种滚动和滑动称为触头的研磨过程。由研磨所产生的距离称为研距。

为了保证触头工作时有良好的电接触,一般线接触触头开闭过程的起止点不重合,且有一定距离。研距是触头开闭过程中动静触头间滚动量与滑动量之和。

如图4-3所示,动、静触头开始接触时,其接触线在 $a$ 点处。在触头闭合过程中,接触线逐渐移动,最后停在 $b$ 点处接触,以导通工作电流。由于在动触头上的 $ab$ 和静触头上的 $a'b'$ 长度不一样,因此,在两者接触过程中,不仅有相对滚动,而且有相对滑动存在,整个接触过程称为触头的研磨过程。

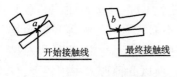

图4-3 触头的研磨过程及研距

触头表面有滑动,可以擦除触头表面的氧化层及脏污,减小接触电阻,使触头有良好的电接触。触头表面有滚动可以使触头在闭合时的撞击处与最后闭合位置的工作点之间,以及开断电路时产生电弧处与闭合位置的工作点分开,保证正常工作的接触线不受机械撞击与电弧的破坏作用,保证触头接触良好。

**5. 触头的初压力**

触头闭合后,其接触处有一定的互压力,称为触头压力。触头压力是由触头弹簧产生的。触头弹簧有一预压缩,使得动触头刚与静触头接触时就有一互压力 $F_0$,称为触头初压力,它是由调节触头弹簧预压缩量来保证的。初压力可以降低触头闭合过程的振动。

**6. 触头的终压力**

动、静触头闭合终了时,触头间的接触压力称为终压力 $F_Z$。它是由触头弹簧最终压缩量来决定的。它使触头闭合时的实际接触面积增加,使闭合状态时的接触电阻小而稳定。

触头的开距、超程、初压力和终压力都是必须进行检测的重要参数。在电器的使用和维修中常用这些参数来反映触头的工作情况及检验电器的工作状态。

## 五、触头的工作情况

触头有以下4种工作情况。

**1. 触头处于闭合状态**

触头处于闭合状态时的主要任务,是保证能通过规定的电流,且触头温升不超过允许值。主要问题是触头的发热及热和电动稳定性,触头的发热是由接触电阻引起的,故应设法减小接触电阻。

**2. 触头闭合过程**

从动、静触头刚开始接触到触头完全闭合,由于会发生振动,使它不是一次接触就能闭合,而是有一个过程的,这个过程称为触头的闭合过程。由于触头在闭合过程中会因碰撞而产生机械振动,因此这个过程的主要问题是减小机械振动,从而减小触头的磨损,避免触头熔焊。

### 3. 触头处于断开状态

触头处于断开状态时，必须有足够的开距，以保证可靠地熄灭电弧和开断电路。

### 4. 触头的开断过程

触头开断过程是触头最繁重的工作过程。一般可分 3 个阶段：

(1) 从触头完全闭合时起，到触头将开始分开为止。

(2) 触头开始分开以后的一段时间。

(3) 电路完全切断的过程。

由于在触头开断电路时，一般会在触头间产生电弧，因此这个过程的主要问题是熄灭电弧，减小由电弧而产生的触头电磨损。

## 第 4.2 节　触头的接触电阻

### 一、接触电阻的产生

图 4-4a) 所示为一段完整的导体，通以电流 $I$，用电压表测量出其 $AB$ 长度上的电压降为 $U$，则 $AB$ 段导体的电阻为：

$$R = \frac{U}{I}$$

如果将此导体截断，仍通以原来的电流，测得 $AB$ 两点之间的电压降为 $U_C$ [图 4-4b)]，$U_C$ 比 $U$ 大得多，$AB$ 点之间的电阻为：

$$R_C = \frac{U_C}{I}$$

$R_C$ 除含有该段导体材料的电阻 $R$ 外，还有附加电阻 $R_j$，即：

$$R_C = R + R_j \tag{4-1}$$

附加电阻为收缩电阻与表面膜电阻之和。它是由接触层之间直接产生的电阻，故称附加电阻 $R_j$ 为接触电阻。动静触头接触时同样也存在接触电阻。

### 1. 收缩电阻

接触处的表面无论经过多么细致的加工处理，从微观角度分析，其表面总是凹凸不平的，它们不是整个面积接触，而是只有若干小的突起部分相接触，如图 4-5 所示，实际接触面积比视在接触面积小得多。当电流通过实际接触面积时，电流只从接触点上通过，在这些接触点附近，迫使电流线发生收缩。由于有效接触面积（即实际接触面积）小于视在接触面积，由此产生的附加电阻称为收缩电阻。

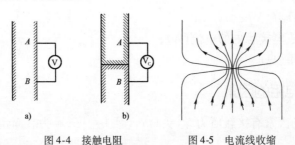

图 4-4　接触电阻　　图 4-5　电流线收缩

## 2. 表面膜电阻

由于种种原因，在触头的接触表面上覆盖着一层导电性很差的薄膜，例如金属的氧化物、硫化物等。其导电性很差，也可能是落在接触表面上的灰尘、污物或夹在接触面间的油膜、水膜等，由此而形成的附加电阻，称为表面膜电阻。

表面膜电阻的大小除和膜的种类有关外，还与薄膜的厚度有关，膜越厚，电阻越大。

接触电阻与触头材料、触头压力、接触面形式、表面和清洁状况等有关。由于膜电阻难于计算，故接触电阻可用经验公式计算，即：

$$R_j = \frac{K}{F^m} \tag{4-2}$$

式中：$R_j$——触头接触电阻（Ω）；

$F$——触头压力（N）；

$m$——与触头接触形式有关的常数，对于点接触 $m=0.5$，线接触 $m=0.5\sim0.7$，面接触 $m=1$；

$K$——与接触材料、接触表面加工方法、接触面状况有关的常数，见表4-1。

各种触头材料的 $K$ 值　　　　　表4-1

| 触头材料 | $K$ | 触头材料 | $K$ |
| --- | --- | --- | --- |
| 铜—铜 | $(0.08\sim0.14)\times10^{-3}$ | 铜—铝 | $0.98\times10^{-3}$ |
| 黄铜—黄铜 | $0.67\times10^{-3}$ | 铝—黄铜 | $1.9\times10^{-3}$ |
| 铝—铝 | $(3\sim6.7)\times10^{-3}$ | 铜—铜镀锡 | $(0.07\sim1)\times10^{-3}$ |
| 黄铜—铜 | $0.38\times10^{-3}$ | 银—银 | $0.06\times10^{-3}$ |

表4-1列出了当接触表面没有氧化层及污物时，各种触头材料的 $K$ 值。

必须指出，式(4-2)的局限性很大，不能概括各种因素对接触电阻的影响。尤其是触头表面的氧化对 $K$ 值的影响很大，在表4-1内只给出了触头表面未被氧化时的 $K$ 值；至于氧化了的材料，其 $K$ 值远远超过表4-1中给出的数值，它的接触电阻在很大范围内变化。所以，接触电阻的计算实际上是一个很复杂的问题，根据式(4-1)计算出的值只能做参考。在实际应用中，常采用测量接触压降的方法来实测接触电阻值。接触压降是指通过一定电流时，触头电接触处的电压降，即：

$$U_j = I R_j \tag{4-3}$$

式中：$U_j$——接触电压降（V）；

$I$——通过触头电接触处的电流（A）；

$R_j$——接触电阻（Ω）。

## 二、影响接触电阻的因素

影响接触电阻的因素有接触压力、触头材料、触头温度、触头表面情况、接触形式及化学腐蚀等。

### 1. 接触压力的影响

接触压力对接触电阻的影响最大。当接触压力很小时,接触压力微小的变化都会使接触电阻值产生很大的波动。

由式(4-1)可知,触头接触电阻与接触压力近似双曲线关系,即接触电阻值在一定的压力范围内是随外施压力 $F$ 的增大而减小的,如图4-6所示。这是因为在压力作用下,两表面接触处产生弹性变形,压力增大,变形增加,有效接触面积也增加,收缩电阻减小。而当压力达到一定值后,收缩电阻几乎不变,这是因为材料的弹性变形是有一定限度的,因而接触面积的增加也是有限的,故接触电阻不可能完全消除。

增大接触压力,可将氧化膜压碎,使膜电阻减小,但压力增大到一定程度后,膜电阻稳定在一个较小的数值。

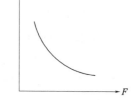

图4-6 接触电阻与接触压力的关系

### 2. 触头材料的影响

触头材料对接触电阻的影响,主要决定于触头材料的电阻系数、材料的抗压强度、材料的化学性能等。

触头材料的电阻系数越低,接触电阻就越小。表4-2 所示为电器中常用材料的电阻系数与铜的比较值(铜的电阻系数为1)。

常用材料电阻系数与铜的比较值　　　　表4-2

| 触头材料及其覆盖层 | $\rho_k$ 比较值 | 触头材料及其覆盖层 | $\rho_k$ 比较值 |
|---|---|---|---|
| 铜 | 1 | 钢 | 35 |
| 镀锡的铜 | 0.7 | 碳 | 1 000 |
| 搪锡的铜 | 2.0 | 黄铜—黄铜 | 4.0 |
| 镀银的铜 | 0.3 | 铜—黄铜 | 2.2 |
| 银 | 0.2 | 铜—铝 | 1.3 |
| 铝 | 2.5 | 铜—钢 | 7.0 |

银的电阻系数小于铜,但银比铜价格贵,所以常采用铜镀银或镶银的办法,以减小接触电阻。

材料的抗压强度越小,在同样接触压力下得到的实际接触面积就越大,接触电阻就越小。采用抗压强度小的材料可以使接触电阻降低,但由于触头本身需要一定的机械强度,因此常在接触连接处,用较软的金属覆盖在硬金属上,以获得较好的性能,例如铜触头搪锡等。

材料越易氧化,就越容易在表面形成氧化膜,如不设法清除,接触电阻就会显著增大。例如铝在常温下几秒钟内就会氧化,其氧化膜导电性很差,故铝一般只用作固定连接,而且常采用表面覆盖银、锡等方法以减小接触电阻。小容量触头常采用点接触的双断点桥式触头,其结构难以实现研磨过程来消除氧化膜,所以触头材料采用银或银基合金。因为银被氧化后的导电能力和纯银相差不多,所以银或镀银的触头工作很稳定。

### 3. 触头温度的影响

触头的接触电阻与它本身的金属电阻一样,也受温度的影响;随着触头温度的升高,接

触电阻增加。由试验得知,接触电阻与温度之间的关系式为:

$$R_j = R_{j0}\left(1 + \frac{2}{3}\alpha_0\theta\right) \qquad (4\text{-}4)$$

式中:$R_{j0}$——触头在0℃时的接触电阻($\Omega$);
　　　$\alpha_0$——触头材料的电阻温度系数(1/℃);
　　　$\theta$——触头的温度(℃)。

触头金属材料的电阻温度系数为$\alpha_0$,接触电阻的电阻温度系数为$\frac{2}{3}\alpha_0$,后者比前者小$\frac{1}{3}\alpha_0$。这是由于接触处温度升高后,材料硬度有所降低,使有效接触面积增大,以致在温度增加时,接触电阻的增加比金属材料电阻的增加要小一些,这种差别就用它们电阻系数的不同来表示。

应该指出,式(4-4)只对清洁的接触面才正确。实际上,因为温度升高会加剧氧化,所以,温度对接触电阻的影响还要大些。

图4-7表示在接触压力不变的情况下,接触电阻$R_j$与触头温度$\theta$的关系曲线。曲线1的接触压力比曲线2的接触压力小,故接触电阻大。

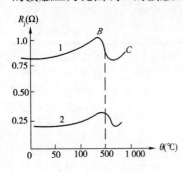

图4-7　接触电阻与温度的关系

在$B$点以前,$R_j$与$\theta$的关系由式(4-4)决定,接触电阻随温度的升高而增加。当温度达到$B$点时,$\theta$为250~400℃,材料软化,实际接触面积增大,接触电阻有迅速减小的现象。这时,触头材料的机械强度突减,触头遭到破坏。这种情况可能发生在触头通过较长时间短路电流的故障状态。

当材料的强度稳定下来后,接触电阻又随温度的增高而增大。当温度达到$C$点时,材料熔化,接触处就会熔焊在一起,触头难以分离,电器不能正常工作。因此,触头的温升不允许超过允许值。

4.触头表面情况的影响

(1)触头表面加工方法的影响

表面粗糙度对接触电阻有一定的影响。接触表面可以粗加工,也可以精加工。至于采用哪种方式加工更好,要根据负荷大小、接触形式和用途而定。

对于大、中电流的触头表面,不要求精加工,最好用锉刀加工,接触面的接触电阻在6.3~1.6$\Omega$范围内即可,重要的是平整。两个平整而较粗糙的平面接触在一起,接触点数目较多且稳定,并能有效地清除氧化膜。相反,精加工的表面,当装配稍有歪斜时,接触点的数目显著减少。

对于某些小功率电器,触头电流小到毫安以下,为了保证$R_j$小而稳定,要求触头表面粗糙度越低越好。粗糙度低的触头不易受污染,也不易生成膜电阻。为了达到这样低的粗糙度,往往采用机械、电或化学抛光等工艺。

(2)触头表面氧化膜的影响

暴露在空气中的接触面(除铂和金外)都将产生氧化作用。空气中的铜触头在室温下(20~30℃)即开始氧化,但其氧化膜很薄,在触头彼此压紧的过程中就被破坏,故对接触电阻影响不大。当温度高于70℃时,铜触头氧化加剧,氧化铜的导电性能很差,使膜电阻急剧增加,因此,铜触头的允许温升都是很低的。银被氧化后的电导率与纯银差不多,所以银或镀银的触头工作很稳定。

为了减小接触面的氧化,可以将触头表面搪锡或镀银,以获得较稳定的接触电阻。

(3) 触头表面清洁状况的影响

当触头的压力较小时,触头表面的清洁度对接触电阻影响较大,随着压力的增加,这种影响逐渐减小。

5. 触头表面电化学腐蚀的影响

采用不同的金属做触头对时,由于两金属接触处有电位差,当湿度大时,在触头对的接触处会发生电解作用,引起触头的电化学腐蚀,使接触电阻增加。

常用金属材料的电化顺序是金(Au)、铂(Pt)、银(Ag)、铜(Cu)、氢(H)、锡(Sn)、镍(Ni)、镉(Cd)、铁(Fe)、铬(Cr)、锌(Zn)、铝(Al)。规定氢的电化电位为0,在它后面的金属具有不同的负电位(如Al的电化电位为-1.34V);在它前面的金属具有不同的正电位(如Ag的电化电位为+0.8V)。选取触头对时,应取电化顺序中位置靠近的金属,以减小化学电势。例如不宜采用铝—铜、钢—铜做触头对。电镀层或涂层也要注意电化顺序。

### 三、减小接触电阻的方法

当电流通过闭合触头时,如果接触电阻过大,就会产生过大的附加损耗,使触头本身及周围的物体温度升高,加速绝缘材料的老化,使其寿命减少。触头的过度发热还会使触头表面加速氧化,而多数金属(除银外)氧化后产生高阻的氧化膜,使电阻增加。这样就造成恶性循环。

为了避免触头超过允许温升,一方面要尽量减小接触电阻;另一方面应具有足够的触头散热面积。

根据接触电阻的形成原因,减小接触电阻一般可采用下列方法:

(1) 增加接触点数目。选择适当的接触形式,用适当的方法加工接触表面,并在接触处增加一定的压力,均可使接触点数目增加。

(2) 选择合适的材料。采用本身电阻系数小,且不易氧化或氧化膜电阻较小的材料作为接触导体,或作为接触面的覆盖层。

(3) 触头在开闭过程中应具有研磨过程,以擦去氧化膜。

(4) 经常对触头清扫,使触头表面无油污、尘埃,保持其干燥。

## 第4.3节 触头的振动

### 一、产生振动的原因

触头在闭合过程中,触头间的碰撞、触头间的电动斥力和衔铁与铁芯的碰撞都可能引起触头的机械振动。

当触头闭合时,电器传动机构的力直接作用在动触头支架上,使得质量为 $m$ 的动触头以

速度 $v_1$ 向静触头运动,在动、静触头相撞时动触头具有一定的动能 $\frac{1}{2}mv_1^2$,如图4-8a)所示。

触头发生碰撞后,触头表面将产生弹性变形,此时,一部分能量消耗在碰撞过程中(因为触头不是绝对弹性体),而大部分能量转变为触头表面材料的变形势能。当触头表面达到最大变形 $x_{SD}$ 时[图4-8b)],变形势能达到最大,而动触头的动能降为零,于是动触头停止运动。紧接着触头的弹性变形开始恢复,将势能释放,由于静触头固定不动,动触头应会受到反力作用,以初速度 $v_2$ 弹回[图4-8b)],甚至离开静触头,并把触头弹簧压缩,将动能储存在弹簧中,在触头弹簧的作用下,动触头反跳的速度逐渐减小。与此同时,传动机构继续推动触头支架将弹簧进一步压缩。当动触头反跳的速度降为零时,反跳距离达到最大值 $x_m$ [图4-8c)]。随后,动触头在弹簧张力的作用下又开始向静触头运动,触头间发生第二次碰撞和反跳。

由于触头第一次碰撞和反跳都要消耗掉一部分能量,同时,在碰撞和反跳的过程中,传动机构使触头弹簧进一步压缩,因而动触头的振动时间和振幅一次比一次要小,直至振动停止,触头完全闭合[图4-8d)]。

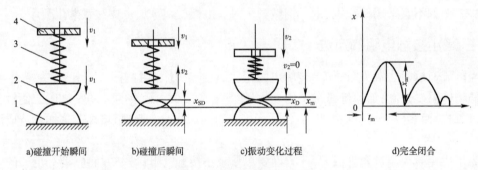

a)碰撞开始瞬间　　b)碰撞后瞬间　　c)振动变化过程　　d)完全闭合

图4-8　触头振动过程示意图

1-静触头;2-动触头;3-触头弹簧;4-动触头支架;$x_{SD}$-塑性和弹性变形量;$x_D$-弹性变形量;$x_m$-最大振幅

另外,在触头带电接通时,由于实际接触的只有几个点,在接触点处便产生电流线的密集或弯曲,如图4-9所示。畸变的电流线与通过反向电流的平行导体一样,相互作用产生斥力,使触头趋于分离,该电动力称为收缩电动力。收缩电动力也能引起触头间的振动,特别是在闭合大的工作电流或短路电流时,电动斥力的作用更为显著。

对于电磁传动的电器来讲,在触头闭合过程中,衔铁以一定的速度向静铁芯运动;当衔铁吸合时,同样会因碰撞而产生振动,以致触头发生第二次振动。

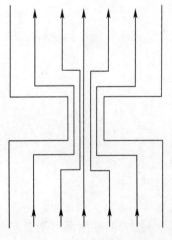

图4-9　接触点电流线密集情况示意图

在触头振动过程中(图4-8),如果 $x_m \leq x_{SD}$,则碰撞后触头不会分离,这样的振动不会产生电弧,对触头无害,因而称之为无害振动。反之,若 $x_m > x_{SD}$,则碰撞后动静触头分离,在触头间隙中会出现金属桥,造成触头磨损或熔焊,甚至产生电弧,严重影响触头寿命,故称之为有害振动。两个触头在闭合时发生碰撞、产生振动是不可避免的;所谓消除触头闭合过程中的振动,是指消除触头的有害振动。

## 二、减小振动的方法

为了提高触头的使用寿命,必须减小触头的振动。减小触头振动有如下几种方法:

(1) 使触头具有一定的初压力。增大初压力可减小触头反跳时的振幅和振动时间。但初压力增大是有限的,如果初压力超过了传动机构的作用力(例如电磁机构的吸力),则不仅触头反跳的距离增加,而且触头也不能可靠地闭合,反而造成触头磨损增加。

(2) 降低动触头的闭合速度,以减小碰撞动能 $\frac{1}{2}mv_1^2$。由试验可知,减小触头闭合瞬间的速度可减小触头振动的振幅。这要求吸力特性和反力特性良好配合。需要指出的是,当触头回路电压高于300V时,若闭合速度过小,则在动、静触头靠近时,触头间隙会击穿形成电弧,反而会引起电磨损的增加。

(3) 减小动触头的质量,以减小碰撞动能,从而减小触头的振幅。但是,在减小触头质量时,必须考虑触头的机械强度,散热面积等问题。

(4) 对于电磁式电器,减小衔铁和静铁芯碰撞时引起的磁系统的振动,以减小触头的二次振动。其方法是吸力特性与反力特性有良好的配合及铁芯具有缓冲装置。

## 三、熔焊的概念

触头的熔焊主要发生在有载电路中触头闭合的过程中和触头处于闭合状态时。

在触头闭合过程中,触头的机械振动使触头间断续产生电弧,在电弧高温的作用下,使触头表面金属熔化;当触头最终闭合时,这些熔化金属可能凝结而引起熔接,使动、静触头熔焊在一起不能打开。

在触头处于闭合状态时,若通过过大的电流,会使触头接触处温度升高;如果达到了熔化温度,两触头接触处的材料便熔化并结合在一起,使接触电阻迅速下降,其损耗和温度都下降,熔化的金属可能凝结而引起熔接。

这种由热效应而引起的触头熔接,称为触头的"熔焊"。

还有一种触头熔接现象,产生于常温状态,通常称为"冷焊"。"冷焊"常常发生在用贵金属材料(如金与金合金等)制成的小型继电器触点中。其原因为贵金属表面不易形成氧化膜,纯净的金属接触面在触头压力作用下,由于金属原子间化学亲和力的作用,使两个触头表面结合在一起,产生"冷焊"现象。由"冷焊"产生的触头间黏结力很小,但是在小型高灵敏继电器中,由于使触头分开的力也很小(一般小于 $9.8\times10^{-2}\mathrm{N}$),不能把冷焊黏结在一起的触点弹开,常常出现触头黏住不释放的现象。

# 第4.4节 触头的磨损

## 一、触头磨损的原因

触头在多次接通和断开有载电路后,它的接触表面将逐渐产生磨耗和损坏,这种现象称为触头的磨损。触头磨损达到一定程度后,其工作性能便不能保证,此时,触头的寿命即告终结。继电器和接触器的电寿命主要取决于触头的寿命。

触头磨损包括机械磨损、化学磨损和电磨损。机械磨损是在触头闭合和打开时研磨和机械碰撞所造成的,它使得触头接触面产生压皱、裂痕或塑性变形和磨损。化学磨损是由于周围介质中的腐蚀性气体或蒸气对触头材料侵蚀所造成的。它使得触头表面形成非导电性薄膜,致使接触电阻变大,且不稳定,甚至完全破坏了触头的导电性能。这种非导电性薄膜在触头相互碰撞及触头压力作用下,逐渐剥落,形成金属材料的损耗。机械磨损和化学磨损一般很小,约占全部磨损的10%。

触头的磨损主要取决于电磨损。电磨损主要发生在触头的闭合和开断过程中,尤其以触头开断过程中产生的电磨损为主。在触头闭合电流时产生的电磨损,主要是由于触头碰撞引起的振动所产生的;在触头开断电流时所产生的电磨损,主要是由高温电弧造成的。

## 二、触头电磨损的形式

触头在分断与闭合电路的过程中,在触头间隙中产生金属液桥、电弧和火花放电等各种现象,引起触头材料的金属转移、喷溅和汽化,使触头材料发生损耗和变形。这种现象,称为触头的电磨损。电磨损直接影响电器的寿命。

触头的电磨损形式主要有两种,即液桥的金属转移和电弧的烧损。

### 1. 液桥的形成和金属转移

触头开断时,在从触头完全闭合到触头刚开始分离的时间内,先是触头的接触压力和接触点数目逐渐减小,接触电阻越来越大,这样就使接触点的电流密度急剧增加;由此产生的热量促使接触处的金属熔化,形成所谓的金属液体滴。触头继续断开时,将金属液体滴拉长,形成液态金属桥,简称液桥。由于温度沿液桥的长度分布不对称,且其最大值是发生在靠近阳极的地方,因此,使金属熔液由阳极转移到阴极。实践证明,由于液桥的金属转移作用,经过很多次的操作后,触头的阳极因金属损耗而形成凹坑,阴极则因金属增多而形成针刺,凸出于接触表面。

在弱电流电器(如继电器)中,液桥对触头的电磨损有着重要的影响。

### 2. 电弧对触头的腐蚀

电弧对触头的腐蚀十分严重,电弧磨损要比液桥引起的金属转移高出5～10倍。当负荷电流超过20A,甚至达到几百或上千安时,电弧的温度极高,触头间距离又较大,一般都有电动力吹弧,再加上强烈的金属蒸气热浪冲击,往往把液态金属从触头表面吹出,向四周飞溅。这种磨损与小功率电弧的磨损是不同的,金属蒸气再度沉积于触头接触表面上的概率已大大减小,使触头阴、阳极都遭到严重磨损,由于阳极温度高于阴极,所以阳极磨损更为严重。

## 三、减小触头电磨损的方法

减小触头的电磨损,提高触头的寿命,一般可从两方面着手,即减小触头在开断过程中的磨损和减小触头在闭合过程中的磨损。

### 1. 减小触头开断过程中的磨损

减小触头开断过程中的磨损,即减小触头在开断时的电弧。其方法如下:

（1）合理选择灭弧系统的参数，例如磁吹的磁感应强度 $B$。$B$ 值过小，吹弧电动力小，电弧在触头上停留时间较长，触头的电磨损增加；$B$ 值过大，吹弧电动力过大，会把触头间熔化的金属液桥吹走，电磨损也增加。因此，有一个最佳的 $B$ 值，在该值下电磨损最小。

（2）对于交流电器（如交流接触器）宜采用去离子栅灭弧系统，利用交流电流通过自然零点时不再重燃而熄弧，减小触头的电磨损。

（3）采用熄灭火花的电路，以减小触头的电磨损。这种方法就是在弱电流触头电路中，在触头上并联电阻、电容，以熄灭触头上的火花。这种火花熄灭电路对开断小功率直流电路很有效。

（4）正确选用触头材料。例如，钨、钼的熔点和汽化点高，因此，钨、钼及其合金具有良好的抗磨损特性；银、铜的熔点与汽化点低，其抗磨损性较差。

**2. 减小触头闭合过程中的磨损**

触头闭合过程中的磨损，主要是由于触头在闭合过程中的振动所引起的。因此，为了减小触头的电磨损，必须减小触头的机械振动。

## 第4.5节　触头的材料

触头所采用的材料关系到触头工作的可靠性，尤其是对触头磨损影响甚大。根据各种电器的任务和使用条件的不同，对触头材料性能的要求亦不同，一般要求如下：

（1）电气性能。要求材料本身的电阻系数小，接触电阻小且在长期工作中能保持稳定。要求生弧的最小电流大和最小电压高，电子逸出功及游离电位大。

（2）热性能。要求熔点高，导热性好，热容量大。

（3）机械性能。要有适当的强度和硬度，耐磨性好。

（4）化学性能。要具有很好的化学稳定性，在常温下不易氧化，或者氧化物的电阻尽量小，耐腐蚀。

此外，还要考虑材料的可加工性能好，价格便宜，经济适用。但实际上是不可能同时满足以上各项要求的，而只能根据触头的工作条件及负荷的大小，满足其主要的性能要求。

触头材料分为如下 3 大类，即纯金属、合金和金属陶冶材料。

### 一、纯金属材料

（1）银。银是高质量的触头材料，具有高的导电和导热性能。银在常温下不易氧化，其氧化膜能导电，在高温下易分解还原成金属银。银的硫化物电阻率很高，在高温时也进行分解。因此，银触头能自动清除氧化物，接触电阻低且稳定，允许温度较高。银的缺点是熔点低，硬度小，不耐磨。由于银的价格高，一般仅用于继电器和小功率接触器的触头或用于接触零件的电镀覆盖层。

（2）铜。铜是广泛使用的触头材料，导电和导热性能仅次于银。铜的硬度较大，熔点较高，易加工，价格较低。铜的缺点是易氧化，其氧化膜的导电性很差，当长时间处于较高的环境温度下，氧化膜不断加厚，使接触电阻成倍增长，甚至会使电流通路中断。因此，铜不适用于做非频繁操作电器的触头材料，对于频繁操作的接触器，电流大于 150A 时，氧化膜在电弧高温作用下分解,可采用铜触头,并做成单断点指式触头,在触头分、合过程中有研磨过程,可以清除氧化铜薄膜。

(3)铂。铂是贵金属,化学性能稳定,在空气中既不生成氧化物,也不生成硫化物,接触电阻非常稳定,有很高的生弧极限,不易生弧,工艺好。铂的缺点是导电和导热性能差,硬度低,价格昂贵。因此,不采用纯铂作为触头材料,一般用铂的合金做小功率继电器的触头。

(4)钨。钨的熔点高,硬度大,耐电弧;钨触头在工作过程中几乎不会产生熔焊。但是,钨的导电性能较差,接触电阻大,易氧化,特别是与塑料等有机化合物蒸气作用(例如在封闭塑料外壳内的钨触头),生成透明的绝缘表面膜,而且此膜不易清除,加工困难。因此,除少数特殊场合(如火花放电间隙的电极)外,一般不采用纯钨做触头材料,而与其他高导电材料制成陶冶材料。

## 二、合金材料

由于纯金属本身性能的差异,将它们以不同的成分相配合,构成金属合金或金属陶冶材料,使触头的工作性能得以改进。

常用的合金材料有银铜、银钨、钯铜、钯铱等。

(1)银铜合金。适当提高银铜合金的含铜量,可提高其硬度和耐磨性能。但是,含铜量不宜过高,否则,会和铜一样易于氧化,接触电阻不稳定。银铜合金熔点低,一般不用作触头材料,主要用作焊接触头的银焊料。

(2)银钨和钯铜。银钨和钯铜都有较高的硬度,比较耐磨,抗熔焊。它们有时用于小功率电器及精密仪器仪表中。

(3)钯铱合金。钯铱合金使用较广泛,铱有效地提高了合金的硬度、强度及抗腐蚀能力。

## 三、金属陶冶材料

金属陶冶材料是由两种或两种以上的彼此不相熔合的金属组成的机械混合物。其中一种金属有很高的导电性(如银、铜等),作为材料中的填料,称为导电相;另一种金属有很高的熔点和硬度(如钨、镍、钼、氧化镉等),在电弧的高温作用下不易变形和熔化,称为耐熔相,这类金属在触头材料中起着骨架的作用。这样,就保持了两种材料的优点,克服了各自的缺点,是比较理想的触头材料。

常用的金属陶冶材料有银—氧化镉、银—氧化铜、银—钨、银—石墨等。

(1)银—氧化镉。它的导电性能和导热性能好,抗熔焊,耐电磨损,接触电阻低且稳定;特别是在高温电弧的作用下,氧化镉分解为氧气和镉蒸气,能驱使电弧支点迅速移动,有利于吹灭电弧,故称银—氧化镉触头具有一定的自灭弧能力。此外,它的可塑性好,且易于加工。因此,它是一种较为理想的触头材料,广泛用于大、中容量的电器中。

(2)银—氧化铜。它与银—氧化镉相比,银—氧化铜耐磨损,抗熔焊性能好,无毒,在高温下触头硬度更大,使用寿命长,价格便宜。试验结果表明,银—氧化铜触头比银—氧化镉触头在接触处具有更低且稳定的接触电压降,导电性能更好,发热情况较轻,温升较低。因此,近年来银—氧化铜材料得到了广泛的应用。

(3)银—钨。它具有银的良好的导电性,同时,又具有钨的高熔点、高硬度、耐电弧腐蚀、抗熔焊、金属转移小等特性,常用作电器的弧触头材料。随着含钨量的增加,其耐电弧腐蚀性能和抗熔焊性能也逐渐提高,但其导电性能下降。银—钨的缺点是接触电阻不稳定,随着开闭次数的增加,接触电阻增大,其原因在于分断过程中,触头表面产生三氧化钨、钨酸银等电阻率高的薄膜。

(4)银—石墨。它的导电性好,接触电阻低,抗熔焊,耐弧能力强,在短路电流作用下也不会熔焊。其缺点是电磨损大。

上述陶冶材料是利用粉末冶金法、化学沉淀法(也称沉淀法)及内氧化法等制成。

**复习与思考**

1. 简述触头接触电阻产生的原因,并提出减小电阻的方法。
2. 分析触头振动的原因,并提出减小振动的方法。
3. 分析产生触头磨损的原因。
4. 简述减小触头电磨损的方法。

# 第5章 传动装置

1. 掌握传动装置的作用、基本组成及其分类。
2. 掌握电磁传动装置的基本组成、工作原理及其分类。
3. 了解电空传动装置的基本组成及其工作原理。

**建议学时**

4学时

电器的传动装置是有触点电器用来驱使电器运动部分（触头、接点）按一定要求进行动作的机构。在电力机车电器上主要采用的是电磁传动装置和电空传动装置；其次还采用了手动、机械式传动装置；个别的还采用了电动机传动（如调压开关）。

电磁传动装置就是通过电磁铁把电磁能转变成机械能来驱动电器动作的机构，主要用于小型电器。在电力机车中装有大量的电磁式接触器、电磁式继电器、自动开关等，它们都是以电磁铁作为传动机构的。

电空传动装置，是以电磁阀控制的压缩空气作为动力，驱使电器运动部件动作的机构，它广泛用于触头开闭高电压、大电流的场合。

## 第5.1节 电磁传动装置

### 一、电磁传动装置的基本组成

电磁传动装置是一种通过电磁铁把电磁能转变成机械能来驱使电器触头动作的机构。

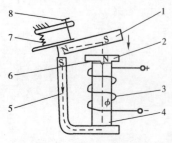

图5-1 电磁铁的工作原理
1-衔铁；2-极靴；3-线圈；4-铁芯；5-磁轭；6-非磁性垫片；7-反力弹簧；8-调节螺钉

电磁传动装置实际上就是一个电磁铁。它的形式有很多，比如：螺管式、直动式、E形、U形等，但它们的基本组成和工作原理却是相同的。

电磁铁主要由吸引线圈和磁系统两部分组成。磁系统一般由铁芯、磁轭和衔铁3部分组成。衔铁又称为动铁芯；铁芯和磁轭又称为静铁芯。

下面以直流接触器和继电器常用的拍合式电磁铁为例，说明电磁传动装置的具体结构。

如图5-1所示为一个直流拍合式电磁铁的结构，它由线圈3、极靴2、铁芯4、磁轭5和衔铁1等组成。线圈3套装在铁芯

4 上,极靴 2 与衔铁 1 之间的空气隙称为工作气隙;磁轭 5 与衔铁 1 之间的气隙称为棱角气隙。极靴用来增大气隙磁导,并可以压住线圈。非磁性垫片 6 用来减少剩磁通,以防线圈断电后衔铁被剩磁吸力吸住而不能释放。由于非磁性材料的磁导率和空气的磁导率很接近,故可认为是一个空气隙,称非工作气隙。

### 二、电磁传动装置的工作原理

拍合式电磁铁的工作原理是:在线圈未通电时,衔铁在反力弹簧的作用下,处于打开位置,衔铁与极靴之间保持一个较大的气隙。当线圈接通电源后,线圈中产生磁势 $IW$,在磁系统和工作气隙所构成的回路中产生磁通 $\phi$,其流向用右手螺线管法则确定(见图 5-1 中虚线)。根据磁力线流入端为 S 极,流出端为 N 极的规定,在工作气隙两端的极靴和衔铁相对的端面上产生异性磁极。由于异性磁极相吸,于是在铁芯和衔铁间产生电磁吸力。当电磁吸力产生的转矩大于反力弹簧反作用力产生的转矩时,衔铁被吸向铁芯,直到与极靴接触为止,并带动触头动作。这个过程称为衔铁的吸合过程,衔铁与极靴接触的位置称为衔铁闭合位置。此时,衔铁与极靴之间仍有一个很小的气隙。

当线圈中的电流减小或中断时,铁芯中的磁通变小,吸力也随之减小;如果吸力小于反力弹簧的反力(归算后),衔铁在反力弹簧的作用下返回至打开位置,并带动触头处于另一工作位置。这个过程称为衔铁释放过程。

由此可见,只要控制电磁铁吸引线圈电流(或电压)就能通过触头来控制其他电器。

一般规定:当线圈失电时,触头若是打开的,称为常开触头(也称动合触头);触头若是闭合的,则称为常闭触头(也称动断触头)。

电磁铁的用途很广,例如在接触器中,利用电磁铁带动触头运动,只要控制电磁铁线圈电流的通断,就能使电磁铁完成某一工作任务,实现自动控制及远距离操纵的目的。在许多继电器中利用电磁铁做测量机构,它可以反映出电路中电压、电流、功率等参数的变化,对电路及电气设备进行保护和控制。

### 三、电磁铁(电磁传动装置)的分类

电磁铁的结构形式很多,图 5-2 所示是几种常见电磁铁的结构形式。

电磁铁可以按线圈电流的性质、线圈与电路的连接方式、衔铁的运动方式和磁系统的结构形式等分类。

(1)按吸引线圈通电电流的性质,电磁铁可分为直流电磁铁和交流电磁铁。

直流电磁铁线圈通的是直流电流,当电流达到稳定值后,可以认为匝数 $W$、电流 $I$ 均不变,故其为恒磁势($IW$)系统。磁通不随时间而变化,在铁芯中没有涡流和磁滞损耗,铁芯可用整块钢或工程纯铁制造。为了便于制造,铁芯和极靴一般做成圆形,线圈也做成圆形,形状细高,与铁芯配合较紧密。

交流电磁铁的吸引线圈通的是交流电流,可以认为匝数 $W$ 和磁通有效值 $\Phi$ 不变,故其为恒磁链($\psi = \Phi W$)系统。但总磁通 $\Phi$ 交变,在铁芯中有涡流和磁滞损耗,铁芯不能再用整块钢铁制造,一般是用硅钢片叠制而成。为了便于制造,把铁芯制成方形的,线圈往往也制成方形,且为"矮胖型",线圈与铁芯间的间隙较大,以利于线圈散热。

(2)按吸引线圈与电路的连接方式,可分为并联电磁铁和串联电磁铁。

并联电磁铁的线圈与电源并联,输入电量是电压,其线圈称并联线圈或电压线圈。其阻抗要求大,电流小,故线圈匝数多且线径细,这种电磁铁应用较为广泛。

串联电磁铁的线圈与负载串联,反应的是电流量,其线圈称为串联线圈或电流线圈。其阻抗要求小,故其匝数少且导线粗,应用较少。

(3)按衔铁的运动方式,可分为直动式和转动式电磁铁两大类。图5-2中,a)和f)为转动式,其余均为直动式。

(4)按磁系统的结构形状,可分为U形、E形和螺管形。图5-2中,a)和g)为U形;b)和c)为螺管形;d)、e)、f)均为E形。

此外,还可以按电磁铁的动作速度分为快速电磁铁、一般速度电磁铁和延时动作电磁铁。

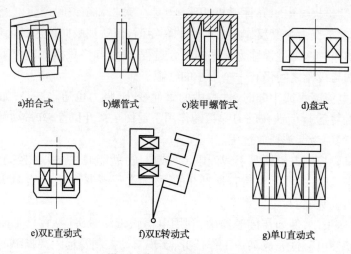

a)拍合式  b)螺管式  c)装甲螺管式  d)盘式

e)双E直动式  f)双E转动式  g)单U直动式

图5-2 常见电磁铁的结构形式

## 四、电磁铁的吸力计算公式及其特性

### 1. 电磁铁的吸力计算基本公式

这里只给出电磁铁吸力计算的基本公式,以便作简单的定性分析。

(1)直流电磁铁的吸力计算基本公式

根据物理学推导,可以得到计算电磁铁衔铁吸力 $F$ 的基本计算公式:

$$F = \left(\frac{\Phi}{5\,000}\right)^2 \cdot \frac{1}{S} \tag{5-1}$$

式中:$\Phi$——磁极端面磁通(Wb);

$S$——磁极的面积($cm^2$)。

式(5-1)是在假定磁极端面下的磁力线均匀分布的情况下得出的,适合工作气隙 $\delta$ 较小时的分析。

(2)交流电磁铁的吸力计算及分析

交流电磁铁的吸力计算公式可以在直流电磁铁计算公式的基础上得到。

设交流电磁铁中的交变磁通为:

$$\Phi_t = \Phi_m \sin\omega t$$

$\Phi_m$ 代表磁通的幅值,将 $\Phi_t$ 代入式(5-1)得:

$$F_t = \left(\frac{\Phi_t}{5\,000}\right)^2 \cdot \frac{1}{S} = \left(\frac{\Phi_m}{5\,000}\right)^2 \cdot \frac{1}{S} \cdot \sin^2\omega t = F_m \sin^2\omega t = \frac{1}{2}F_m(1-\cos2\omega t)$$

$$= \frac{1}{2}F_m - \frac{1}{2}F_m\cos2\omega t = F_0 - F_j$$

式中:$F_m$——最大吸力,$F_m = \left(\dfrac{\Phi_m}{5\,000}\right)^2 \cdot \dfrac{1}{S}$;

$F_0$——平均吸力,$F_0 = F_m/2$;

$F_j$——吸力中的交变分量,$F_j = (F_m\cos2\omega t)/2$。

若磁通有效值用 $\Phi_0$ 表示,则:

$$\Phi_0 = \frac{\Phi_m}{\sqrt{2}}$$

$$F_0 = \left(\frac{\Phi_0}{5\,000}\right)^2 \cdot \frac{1}{S} \tag{5-2}$$

交流电磁铁磁通与吸力波形,如图 5-3 所示。

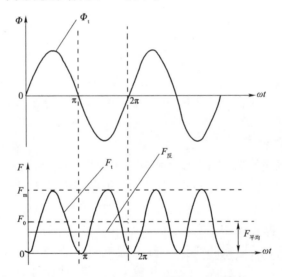

图 5-3 交流电磁铁的磁通与吸力波形

综上所述,可知交流电磁铁的吸力有以下特点:

①吸力由一个不变分量的平均吸力 $F_0$ 和一个交变分量的脉动吸力 $F_j$ 组成。

②总的吸力虽然也随时间周期变化,但总是大于或等于零,即只有吸力,没有斥力。

③吸力的频率是磁通频率的 2 倍。

在电磁铁工作过程中,决定其能否将衔铁吸合的是平均吸力的大小,即通常所说的交流电磁铁吸力。由于单相交变磁通所产生的吸力在每一周期内有两次经过零点,所以在工频电路上,每秒钟内有 100 次经过零点。当吸力为零时,衔铁因失去吸力而开始返回,还没有离开多远时,又被吸住,如此往复,形成振动,产生噪声,损坏零件。一般用分磁环(一般为闭合的铜环,也称短路环)套在部分铁芯上就可减小振动。它的原理是利用通过环内和端面的磁通的相位角差,这两磁通产生的电磁吸力不同时为零,两吸力叠加形成的总吸力任何时刻都不为零。在衔铁闭合位置,如果总吸力的最小值大于作用在衔铁上的反作用力,则可以基本上消除电磁铁的振动和噪声。但吸力仍然是脉动的,故交流电磁铁一般均发出轻微的"嗡嗡"声,俗称"交流声"。对于三相交流电磁铁一般不需加分磁环。

对于交流并联电磁铁,其线圈可以看成感抗很大,内阻很小的电压源,则有:

$$U \approx 4.44f W\Phi_m \cdot 10^{-8} \quad (V) \tag{5-3}$$

式中:$f$——电源频率(Hz);

$W$——线圈匝数;

$\Phi_m$——磁通最大值(Wb)。

整理得:

$$\Phi_m W \approx \frac{U \cdot 10^8}{4.44f} \tag{5-4}$$

说明交流电磁铁为恒磁链系统。

若将铁芯磁阻忽略,而气隙磁导为 $G_\delta$,则对磁路有:

$$\sqrt{2}IW = \frac{\Phi_m}{G_\delta} \cdot 10^{-8} \tag{5-5}$$

将式(5-4)代入式(5-5)有:

$$I = \frac{U}{\sqrt{2} \cdot 4.44fW^2 \cdot G_\delta} \tag{5-6}$$

该式说明交流电磁铁线圈中电流与气隙磁导成反比,即与工作气隙大小成正比;电磁铁在刚要吸合时电流很大,若因某种原因衔铁卡住,则线圈将被烧毁。

2. 电磁铁的特性

(1) 电磁铁的吸力特性

吸力特性是指电磁铁的吸力与工作气隙的关系,即 $F=f(\delta)$。根据电磁铁的吸力计算公式分析:工作气隙 $\delta$ 小时,磁路磁阻小,衔铁上的电磁吸力 $F$ 大;当工作气隙 $\delta$ 大时,衔铁上的电磁吸力 $F$ 小。所以吸力特性近似为双曲线,如图5-4a)所示。对于直流电磁铁来说,由于其为恒磁势系统,即 $IW$ 基本不变,当工作气隙 $\delta$ 变化时,磁阻变化,磁通也变化,所以吸力也随着工作气隙变化,故其特性陡峭。对于交流电磁铁来说,由于其为恒磁链系统,其磁通有效值基本不变,所以吸力随工作气隙变化较小,故其特性相对平坦。

有时为了改变直流电磁铁的吸力特性,使其较平坦些,以减少闭合时机械冲击,在磁极端上加一极靴可使特性变得平坦,如图5-4b)所示。当然个别情况下也希望吸力陡一些,以保证吸合时有较大的吸力,确保可靠吸合衔铁,如 E 形电磁铁。

吸力特性可以用计算方法得到,也可用试验方法得到。图5-4a)是直流电磁铁(陡峭)和交流电磁铁(平坦)的吸力特性示意图;图5-4b)是有极靴和无极靴电磁铁的吸力特性比较示意图。

(2) 电磁铁的反力特性

反力特性是归算到工作气隙中心的所有反力 $F_f$ 与工作气隙 $\delta$ 的关系,即:

$$F_f = f(\delta)$$

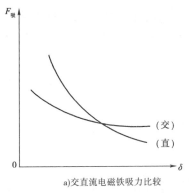
a) 交直流电磁铁吸力比较

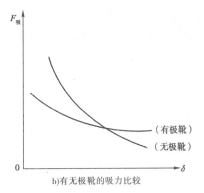
b) 有无极靴的吸力比较

图 5-4　电磁铁的吸力特性

可能出现的反力有：反力弹簧力（主要）、触头弹簧力、摩擦阻力、重力等。图 5-5 所示为直流接触器的反力特性示意图。图中：斜线 1 为常开触头弹簧力，它只存在于动静触头从刚接触到完全闭合的这个过程中；曲线 2 为反力弹簧力，它随工作气隙减少而增大，在触头由开断状态向闭合状态变化时，始终为一斜直线；曲线 1 和曲线 2 合成的结果，即为反力特性，这里没有考虑其他反力。

（3）电磁铁的吸力特性与反力特性的配合

对于一个电磁铁，如果吸力特性与反力特性配合不好，将影响其工作可靠性、寿命、参数等。对于不同性能的电磁铁，其配合有些差别，但总的要求是：吸合时，吸力大于反力；释放时，反力大于（或等于）吸力。图 5-6 所示为电磁铁的特性配合情况。

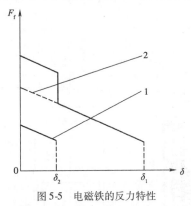
图 5-5　电磁铁的反力特性

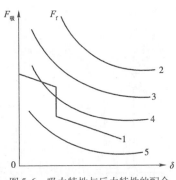
图 5-6　吸力特性与反力特性的配合

图 5-6 中：曲线 1 为反力特性，曲线 2、3、4、5 为吸力特性。图中，曲线 2 和曲线 1 适合于快速动作的场合，但冲击较大，一般不用；曲线 3 和曲线 1 能保证衔铁的可靠吸合，曲线 4 和曲线 1 将不能保证衔铁可靠吸合；曲线 5 和曲线 1 将不能吸合。一般采用曲线 3 和曲线 1 的配合。

当特性配合不好时，可改变吸力特性，调整工作气隙、线圈电流、电压等；也可以改变反力特性，如反力弹簧等。

## 第 5.2 节　电空传动装置

由电磁传动装置的吸力特性可知，电磁吸力随气隙的增加而下降，因此在需要长行程、大传动力的场合，用电磁传动装置就不适宜了；而电空传动装置却能将较大的力传递较远，而且电力机车上有现成的压缩空气气源。所以,在电力机车上还采用了许多电空传动的电器设备。此外,与电磁传动装置相比,采用电空传动时,有色金属的消耗及动作时的控制电源功率都可大为减少。

电空传动装置是一种以电磁阀(电空阀)控制的压缩空气作为动力,驱使触头按规定动作执行的机构。

电空传动装置,主要由电空阀和压缩空气驱动装置组成。

## 一、电空阀

电空阀是借电磁吸力来控制压缩空气管路的导通或关断,从而达到远距离控制气动器械的目的。

电空阀按工作原理分,有闭式和开式两种,但从结构来说都由电磁机构和气阀两部分组成,工作原理也类似。

1. 闭式电空阀

闭式电空阀是电力机车上应用较多的一种。其原理结构,如图5-7所示。

闭式电空阀的工作原理为:当线圈有电时,衔铁吸合,阀杆动作,使上阀门关闭,下阀门打开,关断了传动气缸和大气的通路,打开了气源和传动气缸的通路,压缩空气从气源经电空阀进入传动气缸,推动气动器械动作。当线圈失电时,衔铁在反力弹簧作用下打开,带动阀杆上移,使下阀门关闭,上阀门打开,关断了气源和传动气缸的通路,打开了传动气缸与大气的通路,传动气缸的压缩空气经电空阀排向大气,气动器械恢复原状。其实际结构,如图5-8所示。

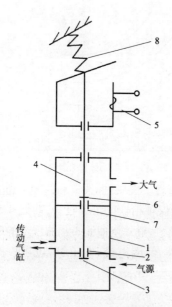

图5-7 闭式电空阀的原理结构
1-阀体;2-下阀门;3、6-阀块;
4-阀杆;5-电磁铁;7-上阀门;
8-反力弹簧

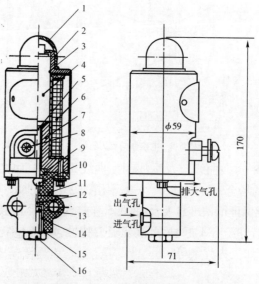

图5-8 TFK1B型电空阀结构简图(尺寸单位:mm)
1-防尘罩;2-磁轭;3-铜套;4-动铁芯;5-芯杆;6-线圈;
7-铁芯座;8-接线座;9-滑道;10-上阀门;11-阀座;
12-阀杆;13-下阀门;14-弹簧;15-密封垫;16-螺母

在电力机车上,闭式电空阀应用较多。

2. 开式电空阀

开式电空阀是在线圈失电时,使气源和传动气缸接通,大气和传动气缸关闭的阀。其原理结构,如图 5-9 所示。

## 二、压缩空气驱动装置

压缩空气驱动装置,有气缸式传动和薄膜式传动两种。

1. 气缸传动装置

(1) 单活塞压缩空气驱动装置

单活塞压缩空气驱动装置的原理结构,如图 5-10a) 所示。

其工作原理是:当电空阀有电时,其控制的压缩空气进入传动气缸,推动活塞,压缩弹簧,使活塞杆右移,带动触头闭合。当电空阀失电时,其控制的气源被关断,在弹簧的作用下,推动活塞,带动活塞杆左移,使触头打开。

通常活塞由皮碗或耐油橡胶制成,活塞上涂有机油,以减少摩擦力并具有良好的密封性能。

该种传动方式的优点是工作行程可以选择,以满足开距和超程的要求。其缺点是摩擦力较大,动作较慢。

(2) 双活塞气缸传动装置

双活塞气缸传动装置的原理结构,如图 5-10b) 所示。

其工作原理是:当气孔 1 开通气源,气孔 2 通向大气时,压缩空气驱动活塞右移;当气孔 2 开通气源,气孔 1 通向大气时,活塞则反向转动。

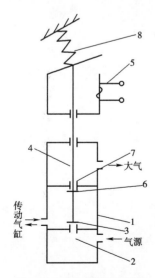

图 5-9 开式电空阀原理结构
1-阀体;2-下阀门;3、6-阀块;4-阀杆;5-电磁铁;7-上阀门;8-反力弹簧

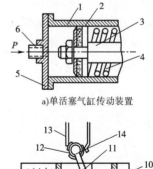

a) 单活塞气缸传动装置

b) 双活塞压缩空气驱动装置示意图

图 5-10 气缸式传动装置
1-气缸;2-活塞;3-活塞杆;4-弹簧;5-气缸盖;6-进气孔;7、8-气口;9-活塞;10-活塞杆;11-曲柄;12-转鼓;13-静触头;14-动触头

其特点是:所控制的行程受一定限制,且对被控制的触头不具有压力的传递,所以应用较少。

2. 薄膜传动装置

薄膜传动装置的原理结构,如图 5-11 所示;实际结构,如图 5-12 所示。

其工作原理是:当气孔进入压缩空气时,压迫薄膜,克服弹簧张力,使活塞杆右移,带动触头动作。反之,则触头在弹簧的作用下打开。

其特点是:动作灵活,摩擦力和磨损较小。加工制作及维修方便。但活塞杆行程小,在低温条件下,薄膜易开裂,需经常更换。

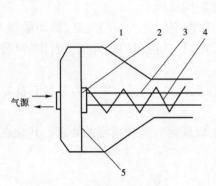
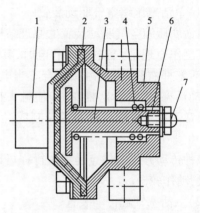

图 5-11　薄膜传动装置原理结构
1-阀体;2-活塞;3-活塞杆;4-开断弹簧;5-橡胶薄膜

图 5-12　薄膜传动装置
1-气缸盖;2-弹性薄膜;3-活塞杆;4-复原弹簧;5-气缸座;6-衬套;7-杆头

### 复习与思考

1. 绘制电磁传动装置结构简图并标明各组成部分。
2. 简述电磁传动装置的工作原理。
3. 简述电空传动装置的工作原理。

# 下篇　车辆电器

# 第6章　牵引电动机

**教学目标**

1. 熟悉直流牵引电动机的结构和工作原理。
2. 熟悉直流牵引电动机的调速原理。
3. 熟悉交流牵引电动机的结构、工作原理和特性。
4. 熟悉交流牵引电动机的调速及控制原理。
5. 熟悉直线牵引电动机的结构和工作原理。
6. 了解直线牵引电动机的应用。

**建议学时**

12学时

牵引电动机是城市轨道交通车辆得以实现牵引及电制动的动力机械。在起动、牵引及制动等各种工况下，都是通过电气传动控制系统改变牵引电动机的转速以达到车辆调速的目的。牵引电动机将电能变为机械能，产生牵引力驱动列车；又可将机械能转变为电能，实现电制动。所以，牵引电动机是城市轨道交通车辆电气设备中最主要的构成部分，其性能和可靠性直接关系到城市轨道交通车辆的运行。

牵引电动机取代蒸汽机用于城市轨道交通车辆已有100多年的历史，但是就其类型而言，不外乎两大类，即直流牵引电动机和交流牵引电动机（包括直线牵引电动机）。

## 第6.1节　直流牵引电动机

直流牵引电动机，特别是直流串励牵引电动机，由于具有适合牵引需要的"牛马"特性、起动性能好、调速范围宽、过载能力强、功率利用充分、控制简单等优点，因此，多年来一直作为各种车辆的主要牵引动力。应用大功率可关断晶闸管（GTO）等元件构成斩波调速系统，进一步改善了直流传动城市轨道交通车辆的运行性能。

在学习直流牵引电动机在城市轨道交通车辆上的应用之前，首先要了解直流牵引电动机基本的工作原理及其机械特性。

### 一、直流牵引电动机的工作原理

直流电动机主要由定子和转子两大部分组成。其工作原理是基于电磁感应的原理。

此处利用图 6-1 所示的直流牵引电动机结构简图来说明其工作原理。图 6-1 中 N、S 为一对主磁极，通过直流电源励磁产生恒定磁场。励磁绕组未画出，图中 abcd 线圈表示电枢绕组，1、2 为两个换向片，与电枢绕组相连，A、B 两个电刷与外电路相连。

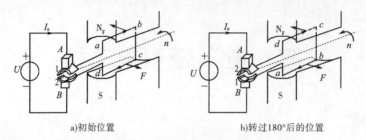

a) 初始位置　　　　　　　　b) 转过180°后的位置

图 6-1　直流电动机的转动原理图

直流牵引电动机接通直流电源之后，电刷两端加了一个直流电压，图 6-1a) 所示情况为：A 刷为正，B 刷为负，换向片 1 与 A 刷相接触，直流电流 $I_a$ 从 A 刷流入，经换向片 1→线圈 a→b→c→d→换向片 2→电刷 B 流出，形成一个回路。利用左手定则，可以判断电枢绕组的 ab 边和 cd 边都受到电磁力的作用，力的方向如图所示。这一对力对电枢将产生一个绕电机转轴旋转的电磁力矩，使得电枢沿逆时针方向转动起来。

电枢转到 180°之后，ab 边在下，cd 边在上，因为电刷不动，换向片与电枢一起转动，所以此时换向片 1 转到下方与 B 刷相接触，换向片 2 转到上方与 A 刷相接触，电源电流 $I_a$ 从 A 刷流入，经换向片 2、线圈 d→c→b→a、换向片 1，从电刷 B 流出，形成一个回路。此时，电枢绕组中的电流与刚才比较；方向相反，但电枢的电磁转矩方向不变，仍然是逆时针方向，所以转轴旋转方向不变。因此，电机电枢可绕转轴连续旋转。

综上所述，直流牵引电动机就是利用励磁绕组通电产生磁场，使通电的电枢绕组受到电磁力的作用，而绕电机转轴旋转工作的一种电器装置。

## 二、直流牵引电动机的机械特性

直流牵引电动机的机械特性与励磁方式有关。直流电动机的励磁方式，有他励、并励、串励和复励 4 种，如图 6-2 所示。

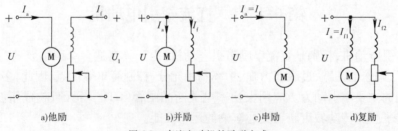

a) 他励　　　　b) 并励　　　　c) 串励　　　　d) 复励

图 6-2　直流电动机的励磁方式

直流电动机电枢绕组两端的感应电动势公式见式 (6-1)；电枢回路电压方程式见式 (6-2)。将式 (6-1) 代入式 (6-2)，得式 (6-3)；式 (6-4) 为电磁转矩公式的变形式，再将式 (6-4) 代入式 (6-3)，得直流电动机的转速公式 (6-5)。

$$E_a = C_e \Phi n \tag{6-1}$$

$$E_a = U - I_a R_a \tag{6-2}$$

$$n = \frac{E_a}{C_e \Phi} = \frac{U - I_a R_a}{C_e \Phi} \tag{6-3}$$

$$I_a = \frac{T}{C_T \Phi} \tag{6-4}$$

$$n = \frac{U - \dfrac{T}{C_T \Phi} R_a}{C_e \Phi} = \frac{U}{C_e \Phi} - \frac{R_a}{C_T C_e \Phi^2} T \tag{6-5}$$

式(6-5)为直流电动机转速 $n$ 与电磁转矩 $T$ 之间的关系式。式中第一部分 $U/(C_e \Phi)$ 在电源电压和主磁通不变时是个常数,称为理想空载转速,用 $n_0$ 表示。主磁通是由励磁电源产生的,因此励磁方式不同,电动机的机械特性不同。

**1. 他励直流电动机的机械特性**

他励直流电动机的励磁绕组单独使用一个电源,其磁通不受负载的影响,当励磁电压一定时,$\Phi$ 是个定值,则式(6-5)可以表示为:

$$n = n_0 - CT \tag{6-6}$$

式中: $C = \dfrac{R_a}{C_T C_e \Phi^2}$ 为一常数,反映电动机的机械特性曲线斜率。

因此,他励直流电动机的机械特性曲线是一条略微下斜的直线,如图6-3所示。

说明当负载 $T$ 增加时,由于电枢电流 $I_a$ 与 $T$ 成正比,$I_a$ 增大,电枢电阻的压降 $I_a R_a$ 增大,造成转速下降。由 $C$ 的表达式可以看出,机械特性曲线斜率较小且较平滑,因此,他励直流电动机的机械特性属于硬特性。

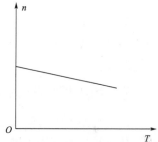

图6-3 他励直流电动机的机械特性曲线

**2. 串励直流电动机的机械特性**

串励直流电动机的励磁绕组与电枢绕组串联,励磁电流与电枢电流相同。因此,串励直流电动机的励磁电流较大,且负载变化时,励磁电流随电枢电流的变化而变化,若不考虑主磁通饱和,则有:

$$\Phi = K_\Phi I_f = K I_a \tag{6-7}$$

式中: $K$——比例系数。

将式(6-7)代入电磁转矩公式,有:

$$T = C_T \Phi I_a = C_T K_\Phi I_a^2 \tag{6-8}$$

再将式(6-8)代入式(6-5),得:

$$n = \frac{U}{C_e K_\Phi I_a} - \frac{R_a}{C_e K_\Phi} = \frac{U}{C_e K_\Phi \sqrt{\dfrac{T}{C_T K_\Phi}}} - \frac{R_a}{C_e K_\Phi} = \frac{U}{C_e \sqrt{\dfrac{K_\Phi}{C_T}} \sqrt{T}} - \frac{R_a}{C_e K_\Phi} \tag{6-9}$$

式(6-9)给出了串励直流电动机的转速与转矩间的关系,据此可以作出串励直流电动机的机械特性曲线,如图6-4所示。

图6-4所示的曲线表明,当串励直流电动机轻载或空载时,转速很高,容易发生飞车事

故;负载增加时,转速下降很快,特性很软,因此串励直流电动机不允许轻载或空载运行。

由于串励直流电动机的电磁转矩与电枢电流的平方成正比,因此起动转矩较大,过载能力较强,所以一般用于起重机、电动机车等起动转矩要求较高的运输设备中。

他励、复励和串励3种励磁方式的直流牵引电动机的机械特性曲线,如图6-5所示。

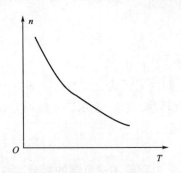 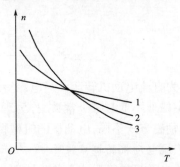

图6-4 串励直流电动机的机械特性曲线　　图6-5 直流牵引电动机的机械特性曲线
　　　　　　　　　　　　　　　　　　　　　　1-他励;2-复励;3-串励

复励直流电动机的机械特性介于并励与串励之间,如图6-5中的曲线2所示。它兼有并励与串励的特点,所以它既可以用于轻载或空载的情况,也可以用于负载变化较大的场合,应用范围较广。

### 三、直流牵引电动机在城市轨道交通车辆中的应用

由于直流串励电动机在负载变化时,其受到的干扰比他励式电动机小(后面有具体的分析),因而被广泛应用于城市轨道交通车辆中。

1. 城市轨道交通车辆中直流串励牵引电动机的调速

由式 $n = \dfrac{E_a}{C_e \Phi} = \dfrac{U_d - I_a R_a}{C_e \Phi}$ 可知,可通过改变牵引电动机的端电压 $U_d$ 和改变牵引电动机的主极磁通 $\Phi$ 两种途径来调节电动机的转速。

(1)改变牵引电动机的端电压 $U_d$

可通过如下方式来改变牵引电动机的端电压 $U_d$。

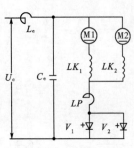

图6-6 斩波调压原理

①改变牵引电动机定子绕组和励磁绕组的连接方式,例如由串联改为串并联的方式。由于连接方式有限,所以可调的电压等级也有限,同时使电动机的接线变复杂。

②在电动机回路中串接电阻,通过凸轮或斩波方法来调节电阻值的大小实现调压。由于这种方法要消耗电能,不经济,现在已基本不使用。

③在电动机与电源之间串接斩波器,调节斩波器的导通比来改变电动机的端电压,其原理如图6-6所示。这是目前在城市轨道交通车辆中广泛使用的一种调节直流电动机端电压的方法。

(2)改变牵引电动机的主极磁通 $\Phi$

一般采用主极绕组上并联分路电阻,使电流的一部分流经分路电阻,从而减少励磁电流、磁势和磁通,电路如图6-7所示。

直流串励电动机在恒电压下削弱磁场时,电动机的电流增加,动车的功率和牵引力也随之增加,所以普遍采用这种方法来提高动车的功率和速度。但是,削弱磁场的深度是有限制的,因为在高速度大电流时削弱磁场会导致电动机换向困难,可能产生火花甚至环火。

电动机在恒功率条件下削弱磁场,不能提高牵引力和功率,但是可使电动机的恒功率范围扩大。

2. 直流牵引电动机的电制动

直流牵引电动机的制动有机械制动和电气制动两种方式。电气制动是指通过某种方法,让电动机的电磁转矩与电机的转向相反,从而形成制动转矩的一种方法。

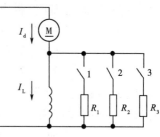

图 6-7 利用分路电阻实现磁削的原理图

电制动是利用牵引电动机由牵引时的电动状态改为发电状态,将已有的机械能转变为电能。牵引电动机所产生的电能,如果利用电阻发热使之转化为热能散掉,称之为电阻制动或能耗制动。如果将电能重新反馈回电网中去加以利用,就称之为再生制动或回馈制动。

(1) 电阻制动

直流串励牵引电动机在进行电阻制动时,按其接线方式不同可以分为以下两种。

① 他励式电阻制动。将励磁绕组改由另外电源供电,电枢绕组与制动电阻 $R_z$ 相连接的方式称为他励式电阻制动,如图 6-8a) 所示。改变他励绕组的励磁电流和磁通,可以调节电动机的制动电流和制动力。

② 串励式电阻制动。牵引电动机励磁绕组反向与电枢串联,再接到制动电阻 $R_z$ 上,电动机仍保持串励形式,如图 6-8b) 所示。

这种方式虽不需要有额外的励磁电源,但是需要改变 $R_z$ 的大小来调节制动电流和制动力。城市轨道交通车辆采用斩波器与制动电阻并联,通过改变斩波器的导通比来调节电阻,如图 6-9 所示。

(2) 再生制动

再生制动时,牵引电动机处于发电机状态向电网回馈电能,如图 6-10 所示。采用 GTO 斩波装置,可以比较方便地实现再生制动。

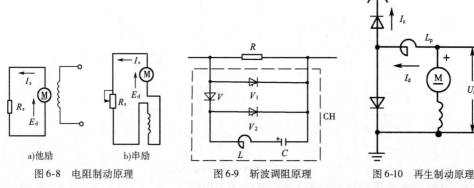

图 6-8 电阻制动原理　　图 6-9 斩波调阻原理　　图 6-10 再生制动原理

3. 牵引电动机在城市轨道交通车辆应用中的问题

(1) 负载分配不均问题

列车运行时,为了充分利用动车的功率及黏着重量,动车上各台牵引电动机的负载应该均匀分配。但实际上由于各台牵引电动机特性曲线的差异和动轮直径的差异,不可避免地造成各牵引电动机间负载分配的不均匀。

①由于牵引电动机之间的特性差异引起负载分配不均。

当两台特性有差异的牵引电动机装在同一动车上并联运行时,即使动轮直径完全相同,从图6-11a)可以看出,串励电动机由于特性较软,在同一运行速度下的负载电流 $I_1$ 和 $I_2$ 的差值 $\Delta I_d$ 比较小。而特性差异程度相同的他励电动机,由于特性较硬[图6-11b)],负载电流 $I_1$ 和 $I_2$ 的差值 $\Delta I_d$ 要比串励电动机大得多,输出转矩的差异他励电动机也要比串励电动机大得多。所以,串励电动机负载分配不均匀的程度远比他励电动机小。

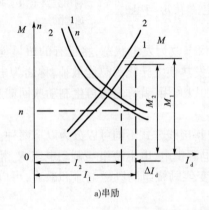 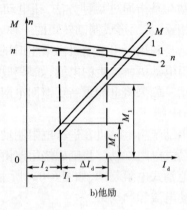

图6-11　由于牵引电动机的特性差异引起的负载分配不均

②由于动轮直径的不同引起负载分配不均。

如果两台电动机的特性完全相同,而它们各自的动轮直径不同,两台电动机的转速将会产生某些差异。设一台的转速为 $n_1$,另一台的转速为 $n_2$,从图6-12a)和b)的比较可以看出,串励电动机负载分配不均匀程度比他励电动机小。

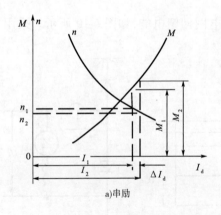 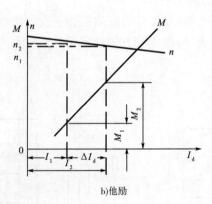

图6-12　动轮直径不同引起的负载分配不均

**结论**:就牵引电动机间负载分配而言,串励优于他励。

(2)电压波动对牵引电动机工作的影响

接触网电压经常会发生波动,例如当动车运行经过两个牵引变电所供电的交界处时,供电电压会发生突然变化,在动车速度还来不及变化时,就可能产生较大的电流冲击和牵引力冲击。图 6-13 表示串励、他励电动机在电压突然增加时产生的电流和牵引力(转矩)的变化。设电动机原来的端电压为 $U_1$,相应的转速特性曲线为 $n_1=f_1(I_d)$;变化后的电压为 $U_2$,相应的转速特性曲线为 $n_2=f_2(I_d)$。比较图 6-13a)和 b),可以看出,当电网电压波动时,由于他励电动机具有硬特性,其电流冲击和牵引力冲击都比串励电动机大得多,这将引起列车冲动并使牵引电动机工作条件恶化。

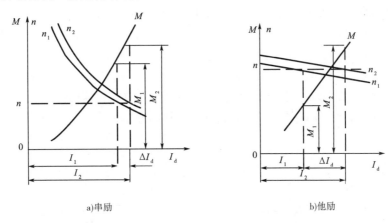

图 6-13 电压波动时牵引电动机电流和牵引力的变化

另外,当电动机的外加电压突变时,由于他励电动机励磁电路内电流不变,电枢反电势不能及时增加,将使过渡过程开始阶段的电枢电流冲击过大。而串励电动机的励磁绕组与电枢绕组串联,因而电流增长速度相同;虽有磁极铁芯内涡流的影响,磁通增长速度稍慢于电枢电流的增长速度,但引起的电流冲击比他励电动机要小得多。

**结论**:就电压波动对牵引电动机的影响而言,串励优于他励。

(3)功率的利用问题

图 6-14 画出了串励和他励电动机的机械特性 $M=f(n)$,变换比例后,就是动车的牵引特性 $F=f(v)$。

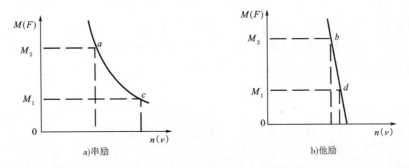

图 6-14 牵引电动机机械特性与功率利用的关系

假设串励和他励牵引电动机具有相同的额定转矩和额定转速,当转矩自 $M_1$ 变化到 $M_2$ 时,串励电动机的工作点由 $c$ 点变为 $a$ 点。因为功率是转矩和转速即牵引力和速度的乘积,其功率变化可用 $a$ 点横、纵坐标所围成的矩形面积与 $c$ 点横、纵坐标所围成的矩形面积之差来表示。同理,他励电动机在转矩自 $M_1$ 变化到 $M_2$ 时,他励电动机的工作点由 $d$ 点变为 $b$

点,其功率变化可用 $d$ 点和 $b$ 点横、纵坐标所围成的矩形面积之差来表示。两者相比,由于串励电动机具有软特性,转速随着转矩的增大而自动降低,所以串励电动机的功率变化比他励电动机要小,接近恒功率曲线,可以合理地利用与牵引功率有关的各种电器设备的容量。

4. 黏着重量的利用问题

具有硬特性的牵引电动机,产生空转的可能性较小。图 6-15 中的曲线 1 是最大黏着力曲线;曲线 2 是滑动摩擦力曲线;曲线 3、4、5 分别是他励电动机和串励电动机的机械特性曲线。假定电动机原来工作在最大黏着牵引力曲线上的 $B$ 点,速度为 $v_0$。如果偶然因素使轮轨间的黏着条件受到破坏,黏着力曲线 1 下降到 1′ 的位置,摩擦力曲线 2 也相应降到 2′ 的位置。在 $v_0$ 速度下电动机的牵引力超过了黏着限制,逐渐发生空转。电动机的转速将沿着特性曲线上升,转速上升到 $A$ 点时,滑动摩擦力等于牵引力,滑动速度不再增加。从图 6-15a)可以看出,他励电动机因具有硬特性,在空转过程中牵引力随转速的上升而迅速下降,很快地与滑动摩擦力相平衡,停止空转。当引起黏着破坏的原因消失时,它能较快地恢复到原来的工作状态。

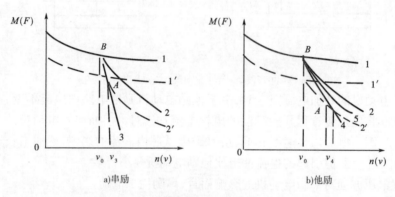

a)串励　　　　　b)他励

图 6-15　电动机特性与空转的关系

1-最大黏着力特性;2-滑动摩擦力特性;3-他励电动机机械特性;4-串励电动机较软的机械特性;5-串励电动机很软的机械特性

串励电动机由于特性较软,如图 6-15b) 中曲线 4 所示,空转后的稳定滑动速度 $v_4$ 高于他励电动机的稳定滑动速度 $v_3$。如果串励电动机的特性很软,如图 6-15b) 中曲线 5 所示,一旦黏着破坏,将产生更大的滑动速度形成空转,使车轮踏面磨损,牵引力下降。

结论:从黏着重量利用观点出发,他励电动机优于串励电动机。

## 第6.2节　交流牵引电动机

直流牵引电动机具有优良的牵引和制动性能,通过调节端电压和励磁,就可以方便地进行调速。但是,直流牵引电动机的换向器结构尚存在一系列缺陷:电动机换向困难、结构复杂、工作可靠性较差、制造成本高、维修工作量大。特别是高电压大功率直流牵引电动机,换向变得更加困难,使电动机的工作可靠性降低。随着大功率晶闸管,特别是近年来全控型电力电子器件的迅速发展,可调压调频的逆变装置已经成功解决了交流电动机的调速问题。

交流电动机没有换向器，就消除了由此引起的一连串问题，而且交流牵引电动机具有结构简单、维修方便、体积小、质量小、转速高、功率大、能自动防滑等一系列优点，所以是一种较理想的牵引电动机，在城市轨道交通领域中正在迅速取代直流牵引电动机。

城市轨道交通车辆普遍采用的是交流异步牵引电动机，这是因为同步电动机需要集电环和电刷或者在转子上安装旋转整流器，不适于频繁起动和停止的工作需要，也不能在轮径不同或牵引电动机转速有差别时，由一台逆变器驱动多台电动机并联工作。

异步电动机在空间利用和重量上都优于同步电动机，因此被广泛应用。异步电动机采用 VVVF 控制，即直流电通过逆变器变为三相交流电，用电压和频率的变化来控制异步电动机的转速变化，获得最佳的调速性能，并实现再生制动。

## 一、交流异步电动机的工作原理

三相异步电动机也由定子和转子两大部分组成；按转子绕组形式不同，可分为绕线式和鼠笼式两种。三相异步电动机工作时，定子通入三相交流电流之后，在定子绕组中将产生旋转磁场，此旋转磁场将在闭合的转子绕组中感应出电流，从而使转子受到旋转电磁力矩的作用而转动起来。因此，在研究三相异步电动机的原理之前，应首先介绍旋转磁场的产生及特点。

1. 旋转磁场的产生

三相异步电动机定子绕组是空间对称的三相绕组，即 $U_1$-$U_2$、$V_1$-$V_2$ 和 $W_1$-$W_2$，空间位置相隔 $120°$。若将它们作星形连接，如图 6-16 所示，将 $U_2$、$V_2$、$W_2$ 连在一起，$U_1$、$V_1$、$W_1$ 分别接三相对称电源的 $U$、$V$、$W$ 三个端子，就有三相对称电流流入对应的定子绕组，即：

$$i_U = I_m \sin\omega t$$
$$i_V = I_m \sin(\omega t - 120°)$$
$$i_W = I_m \sin(\omega t + 120°)$$

其波形，如图 6-17 所示。

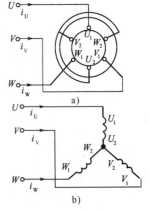

图 6-16 三相定子绕组的分布

由图 6-17 波形图可看出，在 $\omega t = 0$ 时刻，$i_U = 0$；$i_V$ 为负值，说明 $i_V$ 的实际电流方向与参考方向相反，即从 $U_2$ 流入（用⊗表示），从 $U_1$ 流出（用⊙表示）；$i_W$ 为正值，说明实际电流方向与 $i_W$ 的参考方向相同，即从 $W_1$ 流入（用⊗表示），从 $W_2$ 流出（用⊙表示）。根据右手螺旋法则，可判断出转子铁芯中磁力线的方向是自上而下，相当于定子内部是 N 极在上、S 极在下的一对磁极在工作，如图 6-17a) 所示。

当 $\omega t = 120°$ 时，$i_U$ 为正值，电流从 $U_1$ 流入（用⊗表示），从 $U_2$ 流出（用⊙表示）；$i_V = 0$；$i_W$ 为负值，电流从 $W_2$ 流入（用⊗表示），从 $W_1$ 流出（用⊙表示）。合成磁场如图 6-17b) 所示，从图可以看出，合成磁场在空间上沿顺时针方向转过了 $120°$。当 $\omega t = 240°$ 时，同理，合成磁场如图 6-17c) 所示，从图可以看出，它又沿顺时针方向转过了 $120°$。当 $\omega t = 360°$ 时的磁场与 $\omega t = 0$ 时的相同，合成磁场沿顺时针方向又转过了 $120°$，N、S 磁极回到 $\omega t = 0$ 时刻的位置，如图 6-17d) 所示。

综上所述，当三相交流电变化一周时，合成磁场在空间上正好转过一周。若三相交流电不断变化，则产生的合成磁场在空间不断转动，形成旋转磁场。

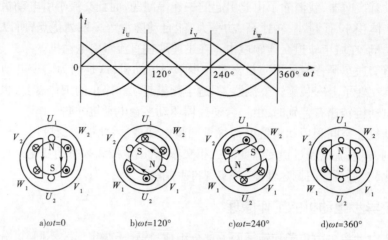

图 6-17 一对磁极的旋转磁场及对应波形

**2. 转子的转动原理**

图 6-18 所示为三相异步电动机工作原理。为简单起见,图中用一对磁极来进行分析。

三相定子绕组中通入交流电后,便在空间产生旋转磁场,在旋转磁场的作用下,转子将做切割磁力线的运动,从而在其两端产生感应电动势。感应电动势的方向可根据右手螺旋法则来判断。由于转子本身为一闭合电路,所以在转子绕组中将产生感应电流,称为转子电流。电流方向与电动势的方向一致,即上面流出,下面流进。

图 6-18 三相异步电动机工作原理

转子电流在旋转磁场中受到电磁力的作用,其方向可由左手定则来判断,上面的转子导条受到向右的力的作用,下面的转子导条受到向左的力的作用,这对电磁力作用在转子上,具有使转子绕其轴旋转的作用效果,因此称为电磁转矩。在电磁转矩的作用下,转子沿着顺时针方向转动起来。显然,转子的转动方向与旋转磁场的转动方向一致。

虽然转子的转动方向与旋转磁场的转动方向一致,但转子的转速 $n$ 永远达不到旋转磁场的转速 $n_1$,即 $n<n_1$。这是因为,若转子的转速等于旋转磁场的转速,则转子与磁场间不存在相对运动,即转子绕组不切割磁力线,转子电流、电磁转矩都将为零,转子根本转动不起来。因此,转子的转速总是低于同步转速。正是由于转子转速与同步转速间存在一定的差值,故将这种电动机称为异步电动机。又因为异步电动机是以电磁感应原理为工作基础的,所以异步电动机又称为感应电动机。

## 二、交流异步电动机的特性

**1. 交流异步电动机的转矩特性**

由图 6-19 所示的电动机的等效电路,可得以下计算公式。

由于定子绕组本身的阻抗压降比电源电压要小得多,即可以近似认为电源电压 $U_1$ 与感应电动势 $E_1$ 相等,即:

$$U_1 \approx E_1 = 4.44 f_1 K_1 N_1 \Phi \tag{6-10}$$

式中：$f_1$——三相电源频率；
$K_1$——定子绕组系数，与定子绕组结构有关，略小于1；
$N_1$——定子每相绕组的匝数；
$\Phi$——旋转磁场的每极磁通，通常指忽略漏磁后每极主磁通的最大值 $\Phi_m$。

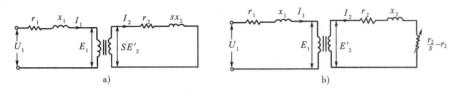

图6-19 交流异步电动机等效电路

转子感应电动势：

$$E_2 = 4.44 f_2 K_2 N_2 \Phi = 4.44 s f_1 K_2 N_2 \Phi = s E_{20} \tag{6-11}$$

$$E_{20} = 4.44 f_{20} K_2 N_2 \Phi = 4.44 f_1 K_2 N_2 \Phi \tag{6-12}$$

式中：$K_2$——转子绕组系数，与转子绕组结构有关，略小于1；
$f_{20}$——起动时转子绕组的频率，与定子频率 $f_1$ 相等。

转子电流：

$$I_2 = \frac{E_2}{\sqrt{R_2^2 + X_2^2}} = \frac{sE_{20}}{\sqrt{R_2^2 + (sX_{20})^2}} \tag{6-13}$$

$$X_{20} = 2\pi f_{20} L_2 = 2\pi f_1 L_2 \tag{6-14}$$

电磁转矩：

$$T = C_T \Phi I_2 \cos\varphi_2 \tag{6-15}$$

将由式(6-10)~式(6-13)推得的 $\Phi$ 和 $I_2$ 的表达式代入式(6-15)，可得：

$$T = C \frac{U_1^2}{f_1} \frac{s R_2}{R_2^2 + (sX_{20})^2} \tag{6-16}$$

由于交流异步电动机在正常工作时，转子转速与旋转磁场的旋转速度很接近，即转差率 $s$ 很小，故 $\frac{r_2}{s}$ 比 $r_1$、$(x_1 + x_2)$ 都大得多，因此异步电动机的转矩可近似用式(6-17)表示：

$$T = k \frac{U^2}{f} f_s \tag{6-17}$$

转子每相的电阻和静止时的感抗通常也是常数，因此，当电源电压一定时，电磁转矩为转差率的函数，即 $T=f(s)$。其曲线称为异步电动机的转矩特性曲线，如图6-20所示。

从三相异步电动机的转矩特性曲线可以看出，当电动机起动时，$s=1$，对应的电磁转矩为起动转矩。随着电动机的转速加大，转差率不断减小，电磁转矩不断上升，但电磁转矩达到最大值后，随转差率的减小，电磁转矩也减小。当转差率为零时，转速等于同步转速，电磁转矩等于零，这是一种理想情况。最大电磁转矩 $T_m$ 又称为临界转矩，对应的转差率为临界转差率 $s_m$。

## 2. 交流异步电动机的机械特性

将图 6-20 顺时针转过 90°，并把转差率 $s$ 变换成转速 $n$，便可得到如图 6-21 所示的 $n$ 和 $T$ 的关系曲线，称为异步电动机的机械特性曲线。图中的 $T_{st}$ 为电动机的起动转矩，$T_N$ 为额定转矩，$n_N$ 为额定转速，$T_m$ 为最大转矩，$n_m$ 为产生最大转矩时的转速（该转速并不是最高转速）。

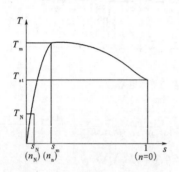

图 6-20　三相异步电动机的转矩特性

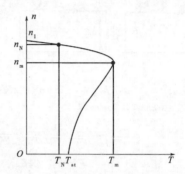

图 6-21　三相异步电动机的机械特性

### (1) 稳定区和不稳定区

由图 6-21 可知，以临界转差率 $s_m$ 对应的临界转速 $n_m$ 为界，曲线分为两个不同特征的区域。上边为稳定区，下边为不稳定区。

在稳定区（$n_m < n < n_1$），电磁转矩与电机轴上的负载转矩保持平衡，因此电动机匀速运行。若负载转矩发生变化，则电磁转矩自动调整，最后达到新的平衡状态使电动机稳定运行。例如，图 6-22 所示是一个自适应过程的曲线图，设当负载转矩为 $T_a$ 时，电机稳定运行于 $a$ 点，此时电磁转矩也等于 $T_a$，转速为 $n_a$；若负载转矩改变为 $T_b$，由于惯性，速度不能突变，负载改变后最初的电磁转矩仍为 $T_a$，则由于 $T_a > T_b$，即电动机的电磁转矩大于负载转矩，电动机加速，工作点上移，电磁转矩减小，直到过渡过程到达 $b$ 点，电磁转矩等于 $T_b$，转速不再上升，电动机便运行于 $b$ 点，电动机在新的转速下开始稳定运行，完成一次自适应调节过程。同理，当负载转矩增大时，其过程相反，电动机也可以自动调节达到新的稳定运行状态。

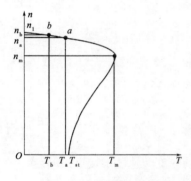

图 6-22　自适应过程曲线图

在不稳定区（$0 < n < n_m$），恒转矩负载的电动机在任意点上均无法稳定运行，因为如果负载有所增加，电磁转矩会立即小于负载转矩，引起转速急剧下降，又进一步使电磁转矩变小，即转速进一步下降，造成电动机停转（堵转）；而假如负载减小，电动机会因电磁转矩大于负载转矩而升速，升速继续造成电磁转矩增大，进一步升速的结果是使电动机进入稳定工作区。

从图 6-22 可以看出，电动机在稳定区的转速随电磁转矩的变化较小，曲线较平稳。该段曲线越平稳，则负载变化对稳态转速的影响越小，这种机械特征称为硬特性。

### (2) 特性曲线的变化

变流异步电动机的力矩随电源的频率、电压的变化而相应变化的曲线，如图 6-23 所示。

由图 6-23 可见，最大力矩随频率的增大而减小，故特性曲线被拉长，如图 6-23b) 所示；

相反,最大力矩随着电压的增大而增大,因此特性曲线被纵向拉高,如图6-23c)所示;如果同时增大 $U$ 和 $f$,特性曲线将同时"长高"和"拉长",如图6-23d)所示。

当等比例地改变电源的频率和电压,即保持电源的电压与频率之比保持恒定时,感应电动机的力矩变化曲线见图6-24。

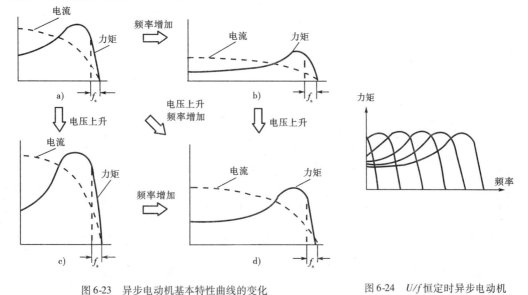

图6-23 异步电动机基本特性曲线的变化
$f_s$-转差频率

图6-24 $U/f$ 恒定时异步电动机基本特性曲线的变化

### 三、交流异步电动机的转速控制

由异步电动机的转差率公式 $n = n_1(1-s) = n\dfrac{60f_1}{p}(1-s)$ 可知,可通过以下3种方法进行调速:

(1) 改变定子绕组的磁极对数 $p$——变极调速。

(2) 改变电动机的转差率 $s$。其方法有改变电源电压调速和绕线式异步电动机转子串电阻调速等。

(3) 改变供电电网的频率 $f_1$——变频调速。

为了得到与直流串励电动机类似的牵引特性,异步电动机的转速控制有以下几种方法:$U/f$ 恒定控制、恒转差频率控制、恒电压控制和恒功率控制。

1. $U/f$ 恒定控制

通过逆变器 PWM 脉宽调制实现电动机输入电源的电压 $U$ 和频率 $f$ 成比例的增加,但保持 $U/f$ 及转差频率 $f_s$ 恒定,从而使磁通 $\varPhi = \dfrac{U_1}{4.44K_1N_1f_1}$ 恒定,转子电流 $I_2 = \dfrac{sE_{20}}{\sqrt{R_2^2 + X_2^2}} = \dfrac{4.44K_2N_2f_1\varPhi s}{\sqrt{R_2^2 + (sX_{20})^2}}$ 恒定,电机电磁转矩 $T = k\left(\dfrac{U}{f}\right)^2 f_s$ 恒定,从而实现在较大的速度范围内输出恒定力矩。该控制特性与直流串励电动机保持电枢电流和励磁电流恒定、调节电压改变速度的控制方法相同。

但是,因逆变电路输出电压的最大值受电网电压及电动机额定电压的限制,故采用这种控制方法得到的速度范围不是无限的。

$U/f$ 保持恒定时，如果忽略定子的漏阻抗，气隙磁通和转矩也不变。但是，当定子频率 $f$ 降低至一定数值以下时，虽然定子漏抗数值也相应减小，但定子电阻却与频率无关，此时定子电阻压降影响大大增加，因而造成气隙磁通迅速减小，转矩随之减小，所以用恒 $U/f$ 运行时，低频特性不够满意。为此，在低频时要适当加大电压，即增大 $U/f$ 值以保持气隙磁通不变。

2. 恒转差频率控制

恒转差频率控制是逆变电路的输出电压达到最大值后，仅仅改变逆变电路输出频率 $f_1$ 的控制方法。在公式(6-17)中，保持 $U$ 和 $f_s$ 恒定，则力矩 $T$ 与电源频率 $f$ 的平方，即车辆速度的平方基本成反比。这相当于直流串励电动机的自然特性。

3. 恒功率控制

恒转差频率控制时，随着速度增加，力矩急剧下降；如果设计上转差频率对于最大值留有余地，在速度增加的同时增加转差频率，可以防止力矩下降过多。

根据公式(6-17)，使转差频率 $f_s$ 与电源频率成正比地增加，则力矩 $T$ 与电源频率，即车辆速度基本成反比，力矩的下降比恒转差频率控制方式小。

这种控制方法使转差率 $\dfrac{f_1 - f_s}{f_1}$ 为恒定。由图 6-23 可知，随着电源频率的增加，对应于力矩最大值的转差率变小，$f_s$ 不能取得过大。此时，电源电压恒定、转差率与电源频率成正比、输入电流基本恒定，称为恒功率控制。这相当于直流串励电动机的削弱磁场控制。

4. 恒电压控制

$U/f$ 恒定控制时，当逆变电路输出电压 $U_1$ 达到最大值时，如果输出电流、转差率到最大转矩对应点还有余量，可以用恒电压控制扩大速度范围。

根据公式(6-17)，$U$ 恒定而增加 $f$，则使 $f_s$ 与 $f$ 的平方成正比地增加，则同样可获得恒定转矩，从而扩大恒转矩控制范围，进一步提速。但如前所述，$f_s$ 增加的范围十分有限，$f_s$ 与 $f$ 的平方成正比地增加的速度范围比较窄。

以上的方法只是用于开环控制系统。如果采用闭环系统，则可达到 $E/f$ 为常数，这样在包括低频在内的整个频率范围内都可得到恒磁通运行。

目前，用于城市轨道交通车辆的闭环控制系统有转差-电流控制、矢量控制及直接力矩控制等。

### 四、交流异步牵引电动机在动车中的应用

1. 异步牵引电动机并联运行

变压变频控制有集中控制和分别控制两种方式。它们各有利弊。图 6-25 所示是集中控制方式原理图；图 6-26 所示是分别控制方式原理图。分别控制方式所用的元器件及控制装置增多，相应会增加故障率和投资，但是它可克服集中控制时由于轮径差和异步电动机特性不一致而产生黏着力降低或滑动的问题；更重要的是某个逆变器出现故障，还有其他几个逆变器照常工作，车辆仍可继续运行，在防空转防滑动用降功率来抑制空转或滑动时也只涉及个别轴，所以功率损失也小。城市轨道交通车辆通常是由一台逆变器供电，多台异步电动机并联运行。例如，日本城市轨道交通车辆最常用的 4MM/1 INU 方式，就是由 1 台逆变器拖动 4 台异步电动机并联运行。

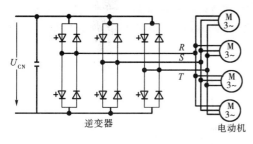 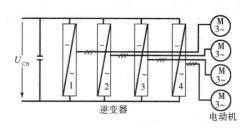

图6-25 集中控制方式原理图　　　　　图6-26 分别控制方式原理图

2. 负载分配不均的理论分析

(1) 电动机电气特性的不同引起的负载分配不均

由于电动机特性差异而引起的电动机负载分配不均的情况,见图6-27。具有不同特性的两台电动机(图6-27中的电动机1和电动机2)在相同转速时所产生的电磁力矩分别为$T_1$和$T_2$,从而造成两台电动机的电流不同。

根据前面电动机特性的分析可知,对异步电动机特性影响最大的因素是转子的电阻(图6-28),故应选择电阻分散性小、温度变化率小、截面尺寸均匀的材料用作电动机转子导体。

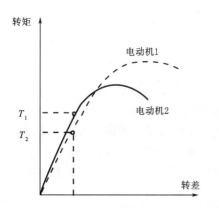 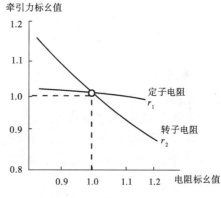

图6-27 电动机特性差异引起电动机负载分配不均　　　　图6-28 电动机转子电阻的影响

(2) 动轮直径的不同引起的负载分配不均

由于动轮轮径不同,也会产生电动机负载分配不均的情况,如图6-29所示。牵引工况时,轮径大的电动机负担的负载偏大,轮径小的负载偏小。制动工况则相反:轮径大的负载偏小,轮径小的负载偏大。

(3) 额定转差率的不同引起的负载分配不均

负载分配不均程度还与电动机的额定转差率有关,如图6-30所示,额定转差率越小,负载分配不均越严重,即使轮径差不大,也会有较大的牵引力差;但额定转差率大又对电动机的效率、温升和动车性能不利,需综合考虑。

3. 交流牵引电动机与普通异步电动机的不同点

与一般工业用交流异步电动机相比,交流异步牵引电动机在设计上有如下特点:

(1) 为减小转矩不平衡,额定转差率通常设计得比一般异步电动机大约3%;为了确保所需的转差率,转子导条使用高电阻、高强度的铜锌合金材料;为了尽量抑制热膨胀,端环采用低电阻的纯铜;为了提高转子的强度和可靠性,将转子导条和端环焊牢后,还在端环上加装保持环。为保证各电动机的转速-转矩特性相近,选择电阻分散性小、温度变化率小、截面尺寸均匀的导条材料;在左轴端设置高精度的转速检测器,以便对转速进行精确控制。

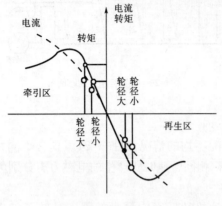

图 6-29　动轮轮径差异引起电动机负载分配不均　　　图 6-30　电动机额定转差率的影响

（2）来自逆变电路的电流高次谐波分量较大,为防止集肤效应引起的交流电阻增大而增加温升,采取了减小导体截面积、限制绕组导体高度的措施。例如,增加定子线圈的并联支路数、使线圈断面形状接近于扁平。

（3）异步电动机无换向器,允许提高额定转速,缩小体积、减小质量,因而减速器采用尽可能大的传动比。

（4）适当加大气隙。由于牵引电动机运行环境恶劣,无法避免沙尘和垃圾侵入,为便于拆装,气隙通常为同样大小的普通异步电动机的两倍。

（5）加大通风量,改善散热效果,并留有一定的温度裕量。考虑电流谐波分量损耗、电动机表面和进出风口滤网污染使散热效果变差,应有 30 ~ 50℃ 的温度裕量。

（6）定子选用加强防尘、耐振的结构。适当增加定子有效材料、提高转轴强度。

## 第 6.3 节　直线牵引电动机

近年来,作为最有实用价值的非黏着驱动方式,直线牵引电动机在城市轨道交通车辆中的应用,已受到越来越多国家的重视。

直线牵引电动机无旋转部件,呈扁平形,可降低车辆高度,从而缩小地铁隧洞直径,降低工程成本。直线牵引电动机运行不受黏着限制,可得到较高的加速度和减速度;其噪声较小,这都是适合城市轨道交通车辆应用的突出优点。

### 一、直线异步电动机（Linear Induction Motor）的工作原理

简单地说,将旋转电动机轴向切开,沿水平方向展开,就可以得到直线异步电动机的基本结构（图6-31）。由于用直线运动取代了旋转运动,所以称为直线电动机。

直线电动机也可分为直线异步电动机（LIM）、直线同步电动机（LSM）和直线直流电动机（LDCM）。在城市轨道交通中,以直线异步电动机 LIM 应用较多。

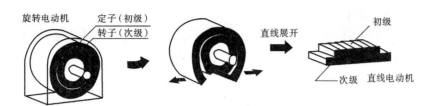

图 6-31 直线异步电动机的结构原理图

**1. 直线异步电动机的分类**

（1）按结构分类

直线异步电动机，按结构可分为平板形单边式直线异步电动机[图 6-32a)]、平板形双边式直线异步电动机[图 6-32b)]、圆筒形直线异步电动机(图 6-34)。

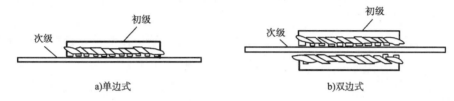

图 6-32 短初级平板形直线异步电动机示意图

（2）按电源分类

直线异步电动机，按电源可分为三相电源直线异步电动机和二相电源直线异步电动机。

（3）按动体分类

直线异步电动机，按动体可分为短初级方式(以初级作为动体，图 6-32)直线异步电动机和短次级方式(以次级作为动体，图 6-33)直线异步电动机。

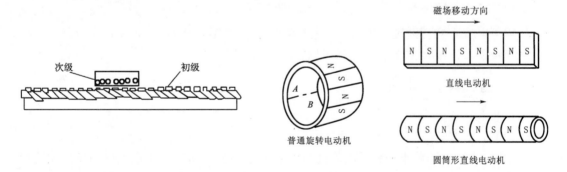

图 6-33 短次级平板形单边式直线异步电动机示意图　　图 6-34 圆筒形直线异步电动机结构形式示意图

**2. 直线异步电动机的结构与磁场**

（1）直线异步电动机的结构

直线异步电动机也由定子和转子组成，定子也由冲上齿槽的电工钢片叠成，槽里也同样嵌有绕组；转子大多采用非磁性体(铜板或铝板)和磁性体(钢板)构成的复合金属板，兼具两者优点。它可以是定子移动，也可以是转子移动。为了避免与动体概念的混淆，本书以后将定子称为初级导体，转子称为次级导体。次级导体只有感应电流的流动，不需要外界供电。初级导体和次级导体之间有一定距离即气隙，一般说来，要比旋转电动机的气隙大。

(2) 直线异步电动机的磁场

当初级绕组通入三相或二相交流电时，在直线电动机的长度方向产生行波磁场，这与旋转电动机中产生旋转磁场的原理相同。以时间 $t$ 和距离 $x$ 作为函数变量的磁通密度 $B$，以式(6-18)表示。

$$B = B_0 \cos\left(\omega t - \frac{\pi x}{\tau}\right) \tag{6-18}$$

式中：$\omega$——电源角频率；
$t$——时间；
$x$——定子表面上的距离；
$\tau$——极距。

极距 $\tau$ 是磁通密度 $B$ 的半波长，图 6-35 所示 $B$ 的波形是 $t=0$ 时的波形，随着 $t$ 的增加，$B$ 的波形将向右移动。

初级通入交流电后产生的交变磁通，在次级的金属板感应出涡流。设引起涡流的感应电压为 $E_e$，磁通的作用面积为 $A$，则：

$$E_e = -A\frac{dB}{dt} = \omega A B_0 \sin\left(\omega t - \pi\frac{x}{\tau}\right) \tag{6-19}$$

次级有电感 $L$ 和电阻 $R$，则金属板上的涡流电流 $I_e$ 为：

$$I_e = \frac{E_e}{Z} = \frac{E_e}{Z}\sin\left(\omega t - \pi\frac{x}{\tau} - \varphi\right) \tag{6-20}$$

式中：$Z = \sqrt{R^2 + (\omega L)^2}$；
$\varphi = \tan^{-1}\frac{\omega L}{R}$。

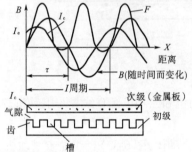

图 6-35 直线异步电动机的行波磁场、涡流 $I_e$ 和连续推力 $F$

涡流电流 $I_e$ 在行波磁场作用下产生连续推力 $F$，如图 6-35 所示，$F$ 有正有负，但正推力远大于负推力，所以直线异步电动机可以直线推动动体。

## 二、直线异步电动机的特性

**1. 基本特性**

(1) 推力-速度特性

如图 6-36 所示，将直线异步电动机的推力-速度特性与旋转异步电动机的特性相比较，则滑差率 $s$ 为：

$$s = \frac{v_s - v}{v_s} \tag{6-21}$$

旋转异步电动机的转矩最大值发生处转差率较低，而直线异步电动机的最大推力在高滑差率处，即 $s \approx 1$。可见，直线异步电动机的起动推力大，高速区域的推力小，比较符合动车的驱动要求。如图 6-37 所示，直线异步电动机的推力-速度特性近似成直线。其推力为：

$$F = \frac{(F_s - F_\mu)(v_f - v)}{v_f} \tag{6-22}$$

式中：$F_s$——起动推力；
$F_\mu$——摩擦力；
$v_f$——空载速度。

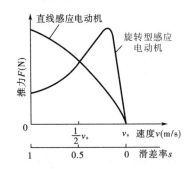

图 6-36  直线异步电动机的推力-速度特性与旋转异步电动机的性能比较

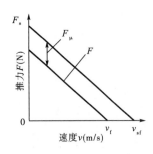

图 6-37  直线异步电动机的推力-速度特性

（2）速度-时间特性

直线异步电动机的速度，随时间以指数函数规律增加。其特性可表示为：

$$v = v_f(1 - e^{-\frac{t}{T}}) \tag{6-23}$$

图 6-38 所示为 $T=1$ 时的直线异步电动机的速度-时间特性，实际上时间常数 $T$ 随负荷质量等因素而变化。

（3）推力-气隙特性

图 6-39 表示直线异步电动机的推力 $F$ 随气隙 $g$ 变化的特性。气隙小，对电动机特性和工作稳定性有利。但为了保证在长距离运动中，初、次级不致相擦，通常直线异步电动机的气隙要比旋转异步电动机的大。一般旋转异步电动机的极距气隙比为 $\tau/g = 10$ 左右，而直线异步电动机的 $\tau/g = 20$ 左右，因而 LIM 的效率和功率因数都较低。

（4）推力-负荷占空因数特性

推力-负荷占空因数特性，如图 6-40 所示。负荷占空因数（Duty Factor）即通电时间与整个周期时间之比，当负荷占空因数增大时，直线异步电动机的推力按指数函数规律下降。

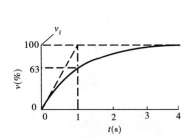

图 6-38  直线异步电动机的速度-时间特性

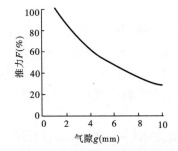

图 6-39  直线异步电动机的推力-气隙特性

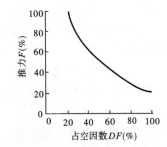

图 6-40  直线异步电动机的推力-负荷占空因数特性

2. 边缘效应

直线电动机不像旋转电动机是闭合圆环结构，而是长直的、两端开断结构。由于动体长度有限，存在着始端和终端，引起了边缘效应（端部效应），这是直线电动机和旋转电动机的基本差异。直线电动机的纵向（磁场移动的方向）和横向都存在边缘效应。

(1) 纵向边缘效应

① 静态纵向边缘效应。铁芯和绕组的不连续，使得各相的互感不相等，即使电源是对称的三相交流电压，由于三相绕组在空间位置不对称，在各相绕组中也将产生不对称电流，利用对称分量法将得到顺序、逆序和零序电流。因而在气隙中出现脉振磁场和反向行波磁场，运行过程中将产生阻力和增大附加损耗。这种效应当初、次级相对静止时也存在，因而称为静态纵向（指磁场移动的方向）边缘效应。

② 动态纵向边缘效应。直线电动机做初、次级相对运动时，次级导体板在行波磁场方向上的涡流分布是不对称的（图6-41）。这使得初级进入端的磁场削弱，离开端的磁场加强。这种当初、次级相对运动时的磁场和涡流分布的畸变，称为动态纵向边缘效应。运动速度越高，动态纵向边缘效应越显著，使行波磁场方向上的推力分布

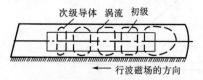

图6-41 直线电动机行波磁场方向上的涡流分布

越不均匀，起减小推力的作用。

(2) 横向边缘效应

城市轨道交通车辆应用的直线电动机，大多是次级导体板的宽度小于初级铁芯的宽度，因而在横向的边缘区域磁场削弱，造成空载气隙磁场横向分布不均匀，这是第一类横向边缘效应。通常采用气隙系数来表示气隙磁通密度的最大值与铁芯宽度范围内磁通密度的平均值之比，以简化第一类横向边缘效应的定量计算。

次级导体板对电流分布及气隙磁场密度沿横向分布的影响，称为第二类横向边缘效应。次级导体板的宽度大于初级铁芯的宽度时影响较大。

### 三、直线异步电动机的优缺点

**1. 优点**

(1) 直线异步电动机最主要的优点是直接产生直线运动而不需要中间转换装置。

(2) 起动推力大，可实现大范围的加速和减速，零部件不受离心力的作用，直线速度不受限制。

(3) 直线异步电动机的初级和次级的结构都很简单，特别是次级，有时甚至可直接利用部分设备本体或运行轨道。它可在条件恶劣（潮湿、粉尘、有害气体）的环境中使用。

(4) 总体结构简单，扁平型部件高度低，噪声小，质量小，维修容易。

(5) 短初级平板型直线异动电动机的次级长，因而散热面大，热负荷可以取得较高。

**2. 缺点**

(1) 效率和功率因数低（一般为 0.6~0.65）。通常直线异步电动机的极距/气隙比要比旋转异步电动机的大一倍左右。初级和次级之间的气隙大，需要的磁化电流大，所以空载电流大；边缘效应特别是纵向边缘效应减小了驱动推力，增大了损耗。

(2) 除驱动推力外，直线电动机初级和次级间有吸引力，因而必须增加构架强度。

(3) 应满足长距离保持一定气隙的精度要求。

### 四、直线牵引电动机在动车中的应用

直线牵引电动机应用于城市轨道交通车辆时,初级可以设置在车上,也可以设置在地面,分别称为车载初级式和地面初级式。

直线牵引电动机没有旋转部件,不需要齿轮、轴承,不接触就可以传递动力。在城市轨道交通车辆中,利用直线牵引电动机来实现非黏着驱动,突破了动轮和轨道之间依靠黏着传递动力的种种限制。同时,可降低车辆高度,从而缩小地铁隧洞直径,降低工程成本。

利用直线牵引电动机,城市轨道交通车辆容易得到较高的加速度、减速度和运行速度。

城市轨道交通车辆较多采用车载初级式异步直线电动机,初级安装在车辆的转向架上,从地面接触网受电,电源的变换和控制设备都安装在车上,动车的质量比较大。而次级就是沿线路敷设在两根走行钢轨之间的导体板,建设费用比较便宜。

对客流量很大的线路,为了减小动车质量,实现地面对列车的集中控制,采用沿线路敷设线圈的地面初级式异步直线电动机比较有利。

超导磁悬浮列车多采用地面初级式直线电动机,LSM 及 LD—CM 比较有利。目前,仅日本的 ML—100 型超导磁悬浮列车采用了直线异步电动机 LIM。

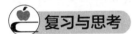
**复习与思考**

1. 简述直流电动机的结构、工作原理及其调试方法。
2. 简述交流异步电动机的结构、工作原理及特性。
3. 分析交流牵引电动机的基本调速方式及其控制方法。
4. 简述直线电动机的工作原理及其在轨道交通中的应用。

# 第7章 逆变装置

**教学目标**

1. 了解 IGBT 的基本结构、工作原理及基本特性。
2. 掌握三相逆变电路和 PWM 型逆变电路的工作原理。
3. 掌握斩波电路的基本工作原理。
4. 了解城市轨道交通车辆上所用逆变器的结构及其技术参数。

**建议学时**

8 学时

逆变电路是将直流电源变换成交流电源的一种电力变换电路,集成所有逆变电路器件及相关设备的装置,称为逆变装置或逆变器。依据逆变器使用的电力系统的不同,可分为牵引逆变器(工作于牵引供电系统)和辅助逆变器(工作于辅助供电系统)。

由于我国城市轨道交通车辆技术来源较复杂,有 ALSTON 技术、SIEMENS 技术、BAMBARDIER 技术,还有我国自主研发的技术,所以,各公司的逆变器除基本工作原理相同外,其器件的集成、结构布局及所采用的控制技术均有所不同。本章将以某城市轨道交通车辆上所用的逆变器为例进行介绍。

## 第7.1节 牵引逆变器

图 7-1 虚线框内为一典型城市轨道交通车辆用逆变器原理简图,其中省去了保护环节和高压供电环节。从图 7-1 可知,逆变器内部主要由两个核心电路组成,即逆变环节和斩波环节。逆变电路的作用是在牵引工况下工作于逆变状态(相控角大于 90°),将接触网或第三轨输送给车辆的 DC1 500V 或 DC750V 电源变换成 VVVF 的三相交流电源供牵引电动机使用,并进行牵引电动机的调速。而在电制动工况下,使相控角工作于 0°~90°,使电路工作于整流状态,将牵引电动机作为发电机工作发出的三相交流电整流成直流电回馈给电网或消耗在制动电阻上。在电阻制动阶段,可通过调整斩波环节的开通时间来改变制动电阻值的大小,从而实现在较宽的速度范围内获取较大制动力矩

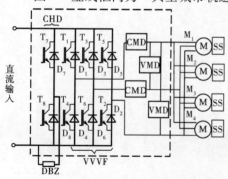

图 7-1 城市轨道交通车辆逆变器原理简图
CHD-斩波环节;VVVF-逆变环节;DBZ-制动电阻;
VMD-电压传感器;CMD-电流传感器;SS-速度传感器;$M_1 \sim M_4$-交流电动机

的控制目的。

## 一、元器件介绍

目前,在城市轨道交通车辆逆变器中普遍采用的电力电子元件为IGBT。

1. IGBT 的结构和基本工作原理

绝缘栅极双极型晶体管 IGBT(Insulated Gate Bipolar Transistor)是一种新发展起来的复合型电力电子器件,由于它结合了 MOSFET 和 GTR 的优点,既具有输入阻抗高、速度快、热稳定性好和驱动电路简单的优点,又具有输入通态电压低、耐压高和承受电流大的优点,这些都使 IGBT 比 GTR 有更大的吸引力。在变频器驱动电机,中频和开关电源以及要求快速、低损耗的应用领域,IGBT 占据着主导地位。

(1) IGBT 的基本结构

IGBT 是三端器件,它的三个极为漏极(D)、栅极(G)和源极(S)。有时也将 IGBT 的漏极称为集电极(C),源极称为发射极(E)。图 7-2a)是一种由 N 沟道功率 MOSFET 与晶体管复合而成的 IGBT 的基本结构,它比功率 MOSFET 多一层 P$^+$ 注入区,因而形成了一个大面积的 P$^+$N$^+$ 结 J$_1$,使得 IGBT 导通时由 P$^+$ 注入区向 N 基区发射少数载流子,从而对漂移区电导率进行调制,使得 IGBT 具有很强的通流能力。其简化等效电路,如图 7-2b)所示。可见,IGBT 是以 GTR 为主导器件、MOSFET 为驱动器件的复合管。图 7-2b)中 $R_N$ 为晶体管基区内的调制电阻;图 7-2c)为 IGBT 的电气图形符号。

IGBT 有两种类型:

① 是由 PNP 晶体管与 N 沟道 MOSFET 组合而成的 IGBT,称为 N 沟道 IGBT,记为 N-IGBT。其电气图形符号,如图 7-2c)所示。

② 是由 NPN 晶体管与 P 沟道 MOSFET 组合而成的 IGBT,称为 P 沟道 IGBT,记为P-IG-BT。其电气图形符号,如图 7-2c)所示图形符号基本相同,只是箭头指向相反。

由于实际应用中以 N 沟道 IGBT 为多。因此下面仍以 N 沟道 IGBT 为例进行介绍。图 7-2d)给出了各种 IGBT 的实物图片。

(2) IGBT 的工作原理

IGBT 的驱动原理与电力 MOSFET 基本相同,它是一种压控型器件。其开通和关断是由栅极和发射极间的电压 $U_{GE}$ 决定的,当 $U_{GE}$ 为正且大于开启电压 $U_{GE(th)}$ 时,MOSFET 内形成沟道,并为晶体管提供基极电流使其导通。当栅极与发射极之间加反向电压或不加电压时,MOSFET 内的沟道消失,晶体管无基极电流,IGBT 关断。

(3) IGBT 的基本特性

① 静态特性。与功率 MOSFET 相似,IGBT 的转移特性和输出特性分别描述器件的控制能力和工作状态。图 7-3a)为 IGBT 的转移特性,它描述的是集电极电流 $I_C$ 与栅射电压 $U_{GE}$ 之间的关系,与功率 MOSFET 的转移特性相似。开启电压 $U_{GE(th)}$ 是 IGBT 能实现电导调制而导通的最低栅射电压。$U_{GE(th)}$ 随温度升高而略有下降,温度升高 1℃,其值下降 5mV 左右。在 +25℃时,$U_{GE(th)}$ 的值一般为 2~6V。

图 7-3b)为 IGBT 的输出特性,也称伏安特性。它描述的是以栅射电压为参考变量时,集电极电流 $I_C$ 与集射极间电压 $U_{CE}$ 之间的关系。此特性与 GTR 的输出特性相似,不同的是参

考变量:IGBT 为栅射电压 $U_{GE}$,GTR 为基极电流 $I_B$。IGBT 的输出特性也分为 3 个区域:正向阻断区、有源区和饱和区。这分别与 GTR 的截止区、放大区和饱和区相对应。此外,当 $u_{CE}<0$,IGBT 时为反向阻断工作状态。在电力电子电路中,IGBT 工作在开关状态,因而是在正向阻断区和饱和区之间来回转换。

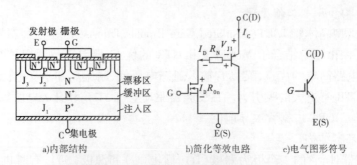

a)内部结构　　b)简化等效电路　　c)电气图形符号

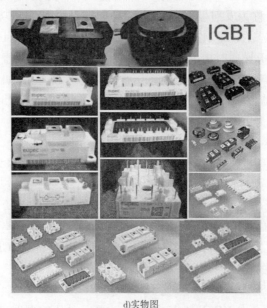

d)实物图

图 7-2　IGBT 的结构、简化等效电路和电器图形符号、实物图

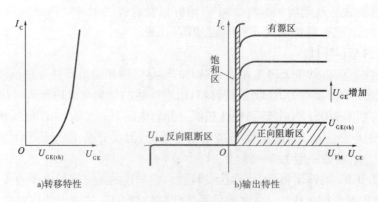

a)转移特性　　b)输出特性

图 7-3　IGBT 的转移特性和输出特性

②动态特性。图7-4给出了IGBT开关过程的波形图。IGBT的开通过程与功率MOSFET的开通过程很相似,这是因为IGBT在开通过程中,大部分时间是作为MOSFET来运行的。从驱动电压$u_{GE}$的前沿上升至其幅度的10%的时刻起,到集电极电流$I_C$上升至其幅度的10%的时刻止,这段时间开通延迟时间为$t_{d(on)}$。而$I_C$从10%$I_{CM}$上升至90%$I_{CM}$所需要的时间为电流上升时间$t_r$。同样,开通时间$t_{on}$为开通延迟时间$t_{d(on)}$与上升时间$t_r$之和。开通时,集射电压$u_{CE}$的下降过程分为$t_{fv1}$和$t_{fv2}$两段。前者为IGBT中MOSFET单独工作的电压下降过程;后者为MOSFET和PNP晶体管同时工作的电压下降过程。由于$u_{CE}$下降时IGBT中MOSFET的栅漏电容增加,而且IGBT中的PNP晶体管

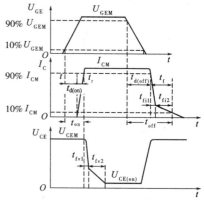

图7-4 IGBT开关过程的波形图

由放大状态转入饱和状态也需要一个过程,因此$t_{fv2}$段电压下降过程变缓。只有在$t_{fv2}$段结束时,IGBT才完全进入饱和状态。

IGBT关断时,从驱动电压$u_{GE}$的脉冲后沿下降到其幅值的90%的时刻起,到集电极电流下降至90%$I_{CM}$止,这段时间称为关断延迟时间$t_{d(off)}$。集电极电流从90%$I_{CM}$下降至10%$I_{CM}$的这段时间为电流下降时间。二者之和为关断时间$t_{off}$。电流下降时间可分为$t_{fi1}$和$t_{fi2}$两段。其中,$t_{fi1}$对应IGBT内部的MOSFET的关断过程,这段时间集电极电流$I_C$下降较快;$t_{fi2}$对应IGBT内部的PNP晶体管的关断过程,这段时间内MOSFET已经关断,IGBT又无反向电压,所以N基区内的少子复合缓慢,造成$I_C$下降较慢。由于此时集射电压已经建立,因此较长的电流下降时间会产生较大的关断损耗。为解决这一问题,可以与GTR一样通过减轻饱和程度来缩短电流下降时间。

可以看出,IGBT中双极型PNP晶体管的存在,虽然带来了电导调制效应的好处,但也引入了少数载流子储存现象,因而IGBT的开关速度要低于功率MOSFET。

(4) IGBT的主要参数

①集电极-发射极额定电压$U_{CES}$:这个电压值是厂家根据器件的雪崩击穿电压而规定的,是栅极-发射极短路时IGBT能承受的耐压值,即$U_{CES}$值小于或等于雪崩击穿电压。

②栅极-发射极额定电压$U_{GES}$:IGBT是电压控制器件,靠加到栅极的电压信号控制IGBT的导通和关断,而$U_{GES}$就是栅极控制信号的电压额定值。目前,IGBT的$U_{GES}$值大部分为+20V,使用中不能超过该值。

③额定集电极电流$I_C$:该参数给出了IGBT在导通时能流过管子的持续最大电流。

(5) IGBT的擎住效应和安全工作区

由IGBT的结构可以发现,在IGBT内部寄生着一个$N^-PN^+$晶体管和作为主开关器件的$P^+N^-P$晶体管组成的寄生晶体管。其中NPN晶体管基极与发射极之间存在体区短路电阻,P形体区的横向空穴电流会在该电阻上产生压降,相当于对$J_3$结施加正偏压;在额定集电极电流范围内,这个偏压很小,不足以使$J_3$开通,然而一旦$J_3$开通,栅极就会失去对集电极电流的控制作用,导致集电极电流增大,造成器件功耗过高而损坏。这种电流失控的现象,就像普通晶闸管被触发以后,即使撤销触发信号晶闸管仍然因进入正反馈过程而维持导通的

机理一样,因此被称为擎住效应或自锁效应。引发擎住效应的原因,可能是集电极电流过大(静态擎住效应),也可能是最大允许电压上升率 $du_{CE}/dt$ 过大(动态擎住效应);温度升高也会加重发生擎住效应的危险。

动态擎住效应比静态擎住效应所允许的集电极电流小,因此,所允许的最大集电极电流实际上是根据动态擎住效应而确定的。

根据最大集电极电流、最大集电极间电压和最大集电极功耗,可以确定 IGBT 在导通工作状态的参数极限范围,即正向偏置安全工作电压(FBSOA);根据最大集电极电流、最大集射极间电压和最大允许电压上升率,可以确定 IGBT 在阻断工作状态下的参数极限范围,即反向偏置安全工作电压(RBSOA)。

擎住效应曾经是限制 IGBT 电流容量进一步提高的主要因素之一,但经过多年的努力,自 20 世纪 90 年代中后期开始,这个问题已得到了极大的改善,促进了 IGBT 研究和制造水平的迅速提高。

此外,为满足实际电路中的要求,IGBT 往往与反并联的快速二极管封装在一起制成模块,成为逆导器件,选用时应加以注意。

2. IGBT 的驱动电路

(1)对驱动电路的要求

①IGBT 是由电压驱动的,具有一个 2.5~5.0V 的阀值电压,有一个容性输入阻抗,因此,IGBT 对栅极电荷非常敏感,故驱动电路必须很可靠,保证有一条低阻抗值的放电回路,即驱动电路与 IGBT 的连线要尽量短。

②用内阻小的驱动源对栅极电容充放电,以保证栅极控制电压 $U_{CE}$ 有足够陡的前后沿,使 IGBT 的开关损耗尽量小。另外,IGBT 开通后,栅极驱动源应能提供足够的功率,使 IGBT 不退出饱和而损坏。

③驱动电路中的正偏压应为 +12~+15V,负偏压应为 -2~-10V。

④IGBT 多用于高压场合,故驱动电路应整个控制电路在电位上严格隔离。

⑤驱动电路应尽可能简单实用,具有对 IGBT 的自保护功能,并有较强的抗干扰能力。

⑥若为大电感负载,IGBT 的关断时间不宜过短,以限制 $di/dt$ 所形成的尖峰电压,保证 IGBT 的安全。

(2)驱动电路

因为 IGBT 的输入特性几乎与 MOSFET 相同,所以用于 MOSFET 的驱动电路同样可以用于 IGBT。

在用于驱动电动机的逆变器电路中,为使 IGBT 能够稳定工作,要求 IGBT 的驱动电路采用正负偏压双电源的工作方式。为了使驱动电路与信号电隔离,应采用抗噪声能力强、信号传输时间短的光耦合器件。基极和发射极的引线应尽量短,基极驱动电路的输入线应为绞合线,其具体电路如图 7-5 所示。为抑制输入信号的振荡现象,在图 7-5a)中的基极和发射极并联一阻尼网络。

图 7-5b)为采用光耦合器使信号电路与驱动电路进行隔离。驱动电路的输出极采用互补电路的形式,以降低驱动源的内阻,同时加速 IGBT 的关断过程。

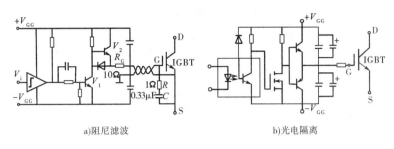

a) 阻尼滤波　　　　　　　b) 光电隔离

图 7-5　IGBT 基极驱动电路

(3) 集成化驱动电路

大多数 IGBT 生产厂家为了解决 IGBT 的可靠性问题,都生产与其配套的集成驱动电路。这些专用驱动电路抗干扰能力强,集成化程度高,速度快,保护功能完善,可实现 IGBT 的最优驱动。目前,国内市场应用最多的 IGBT 驱动模块是富士公司开发的 EXB 系列,它包括标准型和高速型。EXB 系列驱动模块可以驱动全部的 IGBT 产品范围,特点是驱动模块内部装有 2 500V 的高隔离电压的光耦合器,有过电流保护电路和过电流保护输出端子;另外,可以单电源供电。标准型的驱动电路信号延迟最大为 4μs;高速型的驱动电路信号延迟最大为 1.5μs。

## 二、三相逆变电路的原理分析

**1. 三相逆变电路的基本工作原理**

图 7-6 所示为一个由 IGBT 构成的三相桥式逆变电路。该电路可以看作是由 IGBT 构成的可控电路与二极管构成的不可控电路的反并联。其中,可控电路用来实现直流到交流的逆变,不可控电路为感性负载电流提供续流回路,完成无功能量的续流或反馈。因此,与 IGBT 并联的六个二极管 $D_1 \sim D_6$ 称为续流二极管或反馈二极管。C 为滤波电容器,也称支撑电容。

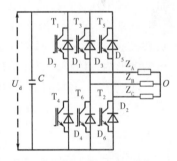

图 7-6　三相桥式逆变电路主电路

图 7-6 所示的三相桥式逆变电路,其管子的导通次序与整流电路一样,也是 $T_1$、$T_2$、$T_3$…各管的触发信号依次互差 60°。根据各管导通时间的长短,分为 180°导通型和 120°导通型两种。对瞬时完成换流的理想情况,180°导通型的逆变电路在任意瞬间都有三只管子导通,各管导通时间为 180°。同相中上下两桥臂中的两只管子称为互补管,它们轮流导通,如 A 相中的 $T_1$ 和 $T_4$ 各导通 180°,但相位也差 180°,不会引起电源经 $T_1$ 和 $T_4$ 的贯穿短路。所以 180°型三相桥式逆变电路每隔 60°,各管的导通情况依次是 $T_1$、$T_2$、$T_3$;$T_2$、$T_3$、$T_4$;$T_4$、$T_5$、$T_6$;… $T_5$、$T_6$、$T_1$。120°导通型逆变电路中各管导通 120°,任意瞬间只有不同相的两只管子导通,同一桥臂中的两只管子不是瞬时互补导通,而是有 60°的间隙时间。所以逆变器的各管每隔 60°,依次按 $T_1$、$T_2$;$T_2$、$T_3$;$T_3$、$T_4$;… $T_6$、$T_1$ 次序导通。当某相中没有逆变管导通时,该相的感性电流经该相中的二极管流通。

按 180°导通方式工作的三相桥式逆变电路,每隔 60°为一个阶段,其等值电路、相电压、线电压、图形及数值如表 7-1 所示。表中设三相负载对称,即:

$$Z_A = Z_B = Z_C$$

逆变器导通顺序及相电压  表7-1

| $\omega_g t$ | | $0°\sim 60°$ | $60°\sim 120°$ | $120°\sim 180°$ | $180°\sim 240°$ | $240°\sim 300°$ | $300°\sim 360°$ |
|---|---|---|---|---|---|---|---|
| 导通的晶闸管 | | $T_1$、$T_2$、$T_3$ | $T_2$、$T_3$、$T_4$ | $T_3$、$T_4$、$T_5$ | $T_4$、$T_5$、$T_6$ | $T_5$、$T_6$、$T_1$ | $T_6$、$T_1$、$T_2$ |
| 负载等值电路 | | | | | | | |
| 输出相电压值 | $U_{AO}$ | $+1/3U_d$ | $-1/3U_d$ | $-2/3U_d$ | $-1/3U_d$ | $+1/3U_d$ | $+2/3U_d$ |
| | $U_{BO}$ | $+1/3U_d$ | $+2/3U_d$ | $+1/3U_d$ | $-1/3U_d$ | $-2/3U_d$ | $-1/3U_d$ |
| | $U_{CO}$ | $-2/3U_d$ | $-1/3U_d$ | $+1/3U_d$ | $+2/3U_d$ | $+1/3U_d$ | $-1/3U_d$ |
| 输出线电压值 | $U_{AB}$ | $0$ | $-U_d$ | $-U_d$ | $0$ | $+U_d$ | $+U_d$ |
| | $U_{BC}$ | $+U_d$ | $+U_d$ | $0$ | $-U_d$ | $-U_d$ | $0$ |
| | $U_{AC}$ | $-U_d$ | $0$ | $+U_d$ | $+U_d$ | $0$ | $-U_d$ |

在 $0°\sim 60°$ 阶段,晶闸管(或其他全控型电力电子器件) $T_1$、$T_2$、$T_3$ 同时导通,A 相和 B 相负载 $Z_A$、$Z_B$ 都与电源的正极连接,C 相负载 $Z_C$ 与电源的负极连接;由于三相负载对称,如取负载中心点 $O$ 为电压的基准点,则 A 相的电压 $U_{AO}$ 和 B 相的电压 $U_{BO}$ 相等,均为 $1/3U_d$,$U_d$ 为直流电源电压。C 相的电压为 $-2/3U_d$。

同理,在 $60°\sim 120°$ 阶段,逆变管 $T_1$ 关断,$T_2$、$T_3$、$T_4$ 导通,$Z_B$ 与电源正极接通,$Z_A$ 与 $Z_C$ 与负载接通,故 $U_{BO} = +2/3U_d$,$U_{AO} = U_{CO} = -1/3U_d$。其余类推。最后得出任何一相的相电压的波形为六阶梯波,$U_{BO}$ 落后 $U_{AO}$ 120°,$U_{CO}$ 落后 $U_{BO}$ 120°,如图 7-7a) 所示。

线电压由相电压相减得出:

$$U_{AB} = U_{AO} - U_{BO}(如 0°\sim 60° 阶段其值为零)$$
$$U_{BC} = U_{BO} - U_{CO}(如 0°\sim 60° 阶段其值为 U_d)$$
$$U_{CA} = U_{CO} - U_{AO}(如 0°\sim 60° 阶段其值为 -U_d)$$

线电压波形,如图 7-7b) 所示。它们是宽为 120° 的矩形波,各线电压波形依次相差 120°。

初相角为零的六阶梯波(见图 7-7 中的 $U_{BO}$)的基波可用付氏级数求得,相电压中无余弦项、偶次项和三的倍数次谐波。电压中最低为五次谐波,含量为基波的 20%;其次为七次谐波,含量为基波的 14.3%。

对于基波无初相角的矩形波线电压,其谐波分量与相电压中的谐波分量相同,只是符号不同,使波形产生差异。线电压是相电压幅值的 $\sqrt{3}$ 倍。

根据图 7-7 可以算出六阶梯波的相电压和方波线电压的有效值之间仍是 $\sqrt{3}$ 倍的关系。实际的电压波形较上面分析的结果略有误差,这是由于在分析中忽略了换流过程,也未扣除逆变电路中的电压压降的缘故。

当三相逆变器按 120° 导通方式工作时,如在 $0°\sim 60°$ 阶段,$T_6$、$T_1$ 导通,则 $Z_A$、$Z_B$ 分别接电源正、负极(图 7-6),$Z_C$ 不通电,则 $U_{AO} = 1/2U_d$,$U_{BO} = -1/2U_d$,$U_{CO} = 0$。在 60°~120°阶段,$T_1$、$T_2$ 导通,$Z_A$、$Z_C$ 分别接正、负电源,$Z_B$ 不通电,则 $U_{AO} = 1/2U_d$,$U_{BO} = 0$,$U_{CO} = -1/2U_d$。据此类推,获得图 7-8 所示的输出电压波形。与图 7-7 相反,这里相电压为矩形波,而线电压为六阶梯波。

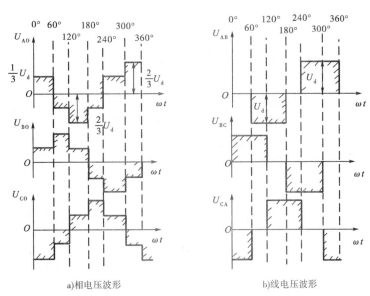

a) 相电压波形　　　　　　　　b) 线电压波形

图 7-7　180°导通型三相逆变器的输出波形

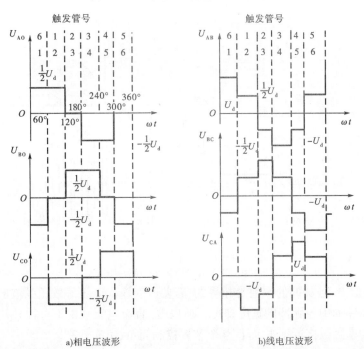

a) 相电压波形　　　　　　　　b) 线电压波形

图 7-8　120°导通型三相逆变器的输出波形

由图 7-8 可见,逆变器采用 120°导通方式时,由于同一桥臂中上下两管有 60°的导通间隙,对换流的安全有利。但管子的利用率较低,并且若电动机采用星形接法,则始终有一相绕组断开,在换流时该相绕组中会引起较高的感应电势,应采用过电压保护措施。而对于180°导通方式,无论电动机采用星形接法或三角形接法,正常工作时都不会引起过电压,因此,对于电压型逆变器,180°导通方式应用较为普遍。

2. 脉宽调制(PWM)型逆变电路工作原理

(1) PWM 控制的基本原理

在采样控制理论中有一个重要结论:冲量(脉冲的面积)相等而形状不同的窄脉冲(图7-9),分别加在具有惯性环节的输入端,其输出响应波形基本相同,即尽管脉冲形状不同,但只要脉冲的面积相等,其作用的效果基本相同。这就是 PWM 控制的重要理论依据。如图7-10所示,一个正弦半波完全可以用等幅不等宽的脉冲列来等效,但必须做到正弦半波所等分的6块阴影面积与相对应的6个脉冲列的阴影面积相等,其作用的效果就基本相同。对于正弦波的负半周,用同样方法可得到 PWM 波形来取代正弦负半波。

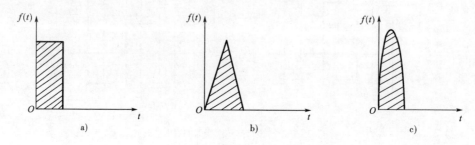

图7-9 形状不同而冲量相同的各种窄脉冲

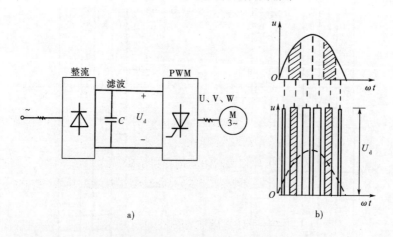

图7-10 PWM 控制的基本原理示意图

在 PWM 波形中,各脉冲的幅值是相等的,若要改变输出电压等效正弦波的幅值,只要按同一比例改变脉冲列中各脉冲的宽度即可。所以 $U_d$ 直流电源采用不可控整流电路获得,不但使电路输入功率因数接近于1,而且整个装置控制简单,可靠性高。

(2) 单相桥式 PWM 变频电路工作原理

单相桥式 PWM 变频电路(见图7-11),采用 GTR 作为逆变电路的自关断开关器件。设负载为电感性,控制方法可以有单极性与双极性两种。

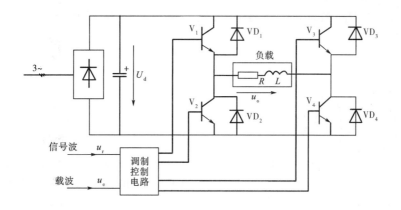

图 7-11　单相桥式 PWM 变频电路

①单极性 PWM 控制方式工作原理。按照 PWM 控制的基本原理,如果给定了正弦波频率、幅值和半个周期内的脉冲个数,PWM 波形各脉冲的宽度和间隔就可以准确地计算出来。依据计算结果来控制逆变电路中各开关器件的通断,就可以得到所需要的 PWM 波形,但是这种计算很烦琐,较为实用的方法是采用调制控制(见图 7-12),把所希望输出的正弦波作为调制信号 $u_r$,把接受调制的等腰三角形波作为载波信号 $u_c$。对逆变桥 $V_1 \sim V_4$ 的控制方法是:

a. 在 $u_r$ 正半周,让 $V_1$ 一直保持通态,$V_2$ 保持断态。在 $u_r$ 与 $u_c$ 正极性三角波交点处控制 $V_4$ 的通断。在 $u_r > u_c$ 各区间,控制 $V_4$ 为通态,输出负载电压 $u_o = U_d$。在 $u_r < u_c$ 各区间,控制 $V_4$ 为断态,输出负载电压 $u_o = 0$,此时负载电流可以经过 $VD_3$ 与 $V_1$ 续流。

b. 在 $u_r$ 负半周,让 $V_2$ 一直保持通态,$V_1$ 保持断态。在 $u_r$ 与 $u_c$ 负极性三角波交点处控制 $V_3$ 的通断。在 $u_r < u_c$ 各区间,控制 $V_3$ 为通态,输出负载电压 $u_o = -U_d$。在 $u_r > u_c$ 各区间,控制 $V_3$ 为断态,输出负载电压 $u_o = 0$,此时负载电流可以经过 $VD_4$ 与 $V_2$ 续流。

逆变电路输出的 $u_o$ 为 PWM 波形(见图 7-12),$u_{ot}$ 为 $u_o$ 的基波分量。由于在这种控制方式中的 PWM 波形只能在一个方向变化,故称为单极性 PWM 控制方式。

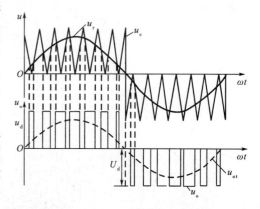

图 7-12　单极性 PWM 控制方式原理波形

②双极性 PWM 控制方式工作原理。电路仍然是图 7-11,调制信号 $u_r$ 仍然是正弦波,而载波信号 $u_c$ 改为正负两个方向变化的等腰三角形波,如图 7-13 所示。对逆变桥 $V_1 \sim V_4$ 的控制方法是:

a. 在 $u_r$ 正半周,在 $u_r > u_c$ 的各区间,给 $V_1$ 和 $V_4$ 导通信号,而给 $V_2$ 和 $V_3$ 关断信号,输出负载电压 $u_o = U_d$。在 $u_r < u_c$ 的各区间,给 $V_2$ 和 $V_3$ 导通信号,而给 $V_1$ 和 $V_4$ 关断信号,输出负载电压 $u_o = -U_d$。这样逆变电路输出的 $u_o$ 为两个方向变化等幅不等宽的脉冲列。

b. 在 $u_r$ 负半周, 在 $u_r < u_c$ 的各区间, 给 $V_2$ 和 $V_3$ 导通信号, 而给 $V_1$ 和 $V_4$ 关断信号, 输出负载电压 $u_o = -U_d$。在 $u_r > u_c$ 的各区间, 给 $V_1$ 和 $V_4$ 导通信号, 而给 $V_2$ 与 $V_3$ 关断信号, 输出负载电压 $u_o = U_d$。

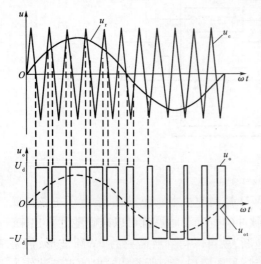

双极性 PWM 控制的输出 $u_o$ 波形（见图7-13），它为两个方向变化等幅不等宽的脉冲列。这种控制方式的特点是：

a. 同一半桥上下两个桥臂晶体管的驱动信号极性恰好相反，处于互补工作方式。

b. 电感性负载时，若 $V_1$ 和 $V_4$ 处于通态，给 $V_1$ 和 $V_4$ 以关断信号, 给 $V_2$ 和 $V_3$ 以导通信号时，$V_1$ 和 $V_4$ 将立即关断。但由于感性负载电流不能突变, 因此 $V_2$ 和 $V_3$ 不可能立即导通（不能构成续流通路）, 原电流将通过二极管 $VD_2$ 和 $VD_3$ 续流, 如果续流能维持到下一次 $V_1$ 与 $V_4$ 重新导通, 负载电流方向将始终保持不变, $V_2$ 和 $V_3$ 始终未导通。只有在负载电流较小, 无法连续续流情况下, 在负载电流下降到零, $VD_2$ 和

图7-13 双极性 PWM 控制方式原理波形

$VD_3$ 续流完毕, $V_2$ 和 $V_3$ 才能导通, 负载电流才反向。但是不论是 $VD_2$、$VD_3$ 导通还是 $V_2$、$V_3$ 导通, $u_o$ 均为 $-U_d$。从 $V_2$、$V_3$ 导通向 $V_1$、$V_4$ 切换情况也类似。

（3）三相桥式 PWM 变频电路的工作原理

三相桥式 PWM 变频电路, 如图7-14 所示。

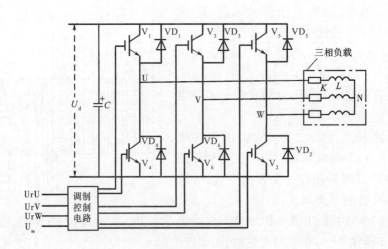

图7-14 三相桥式 PWM 变频电路

图7-14 所示三相桥式 PWM 变频电路采用 GTR 作为电压型三相桥式逆变电路的自关断开关器件, 负载为电感性。从电路结构上看, 三相桥式 PWM 变频电路只能选用双极性控制方式。其工作原理如下：

三相桥式PWM逆变电路由U相调制波ymU(U相电压指令)、三角载波正侧和负侧的大小关系,得到PWM信号Gsw,取得+1、0、-1的信号。为降低谐波,V相载波ycV与ycU错开180°的相位,获得PWM控制信号Gsw的方法与U相相同。表7-2给出了调制波与载波比较生成PWM波的规则。

调制波和PWW载波的比较(生成PWM信号)　　　　　表7-2

| 与载波的大小关系 | ym > yc(上) > yc(下) | yc(上) > ym > yc(下) | yc(上) > yc(下) > ym |
|---|---|---|---|
| PWM信号Gsw | Gsw = +1 | Gsw = 0 | Gsw = -1 |

Gsw将通过IGBT驱动电路产生门极指令。各个IGBT由门极指令进行控制,最终获得三相相电压[图7-15b)];三相相电压矢量相减便得到三相线电压,如线电压$U_{UV} = U_U - I_V$,其波形如图7-15e)所示。

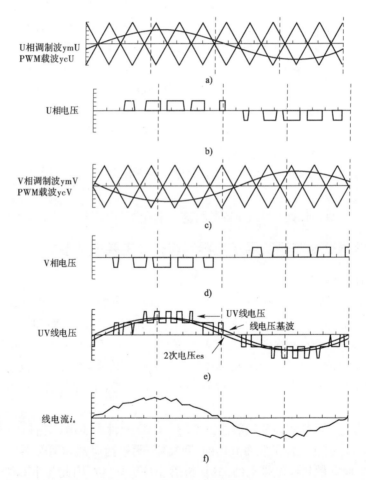

图7-15　三相PWM逆变波形

在双极性PWM控制方式中,理论上要求同一相上下两个桥臂的开关管驱动信号相反,但实际上,为了防止上下两个桥臂直通造成直流电源的短路,通常要求先施加关断信号,经过$\Delta t$的延时才给另一个施加导通信号。延时时间的长短主要由自关断功能率开关器件的关断时间决定。这个延时将会给输出PWM波形带来偏离正弦波的不利影响,所以在保证安全可靠换流的前提下,延时时间应尽可能取小。

### 三、斩波电路原理

1. 斩波电路的基本工作原理

在城市轨道交通车辆牵引逆变器中,与逆变电路并联有一个斩波电路支路,如图7-16所示。该电路的作用是通过控制斩波电路开关器件的相控角 α 来控制斩波电路的占空比,从而控制制动电阻的大小,可用式(7-1)来计算制动电阻的大小。

$$\overline{R_Z} = R_Z \frac{t_{on}}{t_{on} + t_{off}} = R_Z \frac{t_{on}}{t} = \alpha R_Z \tag{7-1}$$

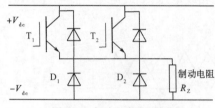

图7-16 斩波电路原理简化图

由式(7-1)可知,可以通过控制 α 的大小来控制电路中实际使用的制动电阻值的大小,从而可实现在较宽的速度范围内(即逆变出来的直流电压变化)保证较大的制动电流,以提供所需的制动力矩。

2. IGBT 的并联运行

在有些逆变器当中,斩波环节经常使用两个 IGBT 并联运行。其主要优点是:

(1)在 1/2 或 1/3 额定电流以下的区段,通态压降具有负温度系数。

(2)在以上的区段则具有正温度系数。

(3)并联使用时也具有电流的自动均衡能力,易于并联。

【拓展训练】

图7-17所示,为南京地铁1号线车辆所用逆变器的内部电路图。请分析其工作原理。

### 四、城市轨道交通车辆所用逆变器的结构及主要技术参数

1. 逆变器的结构

逆变器的最主要部件是大功率半导体开关器件。早期的交流传动地铁车辆中,逆变器采用大功率 GTO 器件(门极可关断晶闸管),如上海地铁1号线后期和2号线、广州地铁1号线均使用4 500V/3 000A 的 GTO;北京地铁复八线使用4 500V/4 000A 的 GTO。随着科学技术的进步,大功率的 IGBT(绝缘双极晶体管)及 IPM(智能型功率模块)问世,新建的地铁或轻轨动车都使用了 IGBT 器件。对于电网电压为 DC1 500V 的动车,均使用3 300V/1 200A 的 IGBT。

大功率电力电子器件都需要用散热器冷却。GTO 元件与 IGBT 元件,由于其结构不同,散热方法也不同。GTO 元件是双面散热的,即其阳、阴极两面都与散热器接触,它们的结构是"压接式"的,而且散热器是带电的,分别与阳、阴极同电位,因此各个 GTO 的散热器之间必须互相绝缘。相反,IGBT 的底座是绝缘的,它安装在散热器上时不会使散热器带电,因此可以将逆变器上的所有 IGBT 器件安装在一个公共的大散热器上。

图7-18是大功率 IGBT 模块外形图。模块包括 IGBT 及与它反并联的二极管。

IGBT 的散热器有多种形式,目前主要有如下2种:

(1)翅片式散热器,其中整体式散热器(见图7-19),其材料一般均采用铝;热管散热器

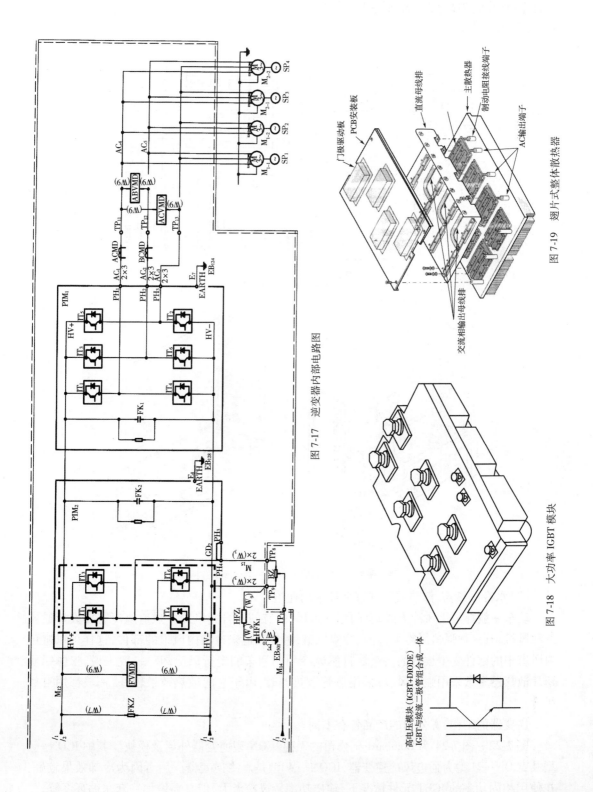

（见图 7-20 和图 7-21），它的基板及热管的材质为铜，散热翅片的材质为铜或铝，内部循环的冷却液是水或酒精。

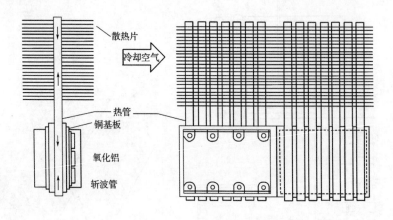

图 7-20　热管散热器

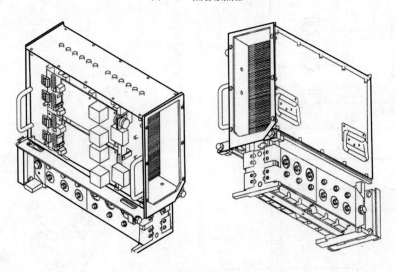

图 7-21　逆变器的一臂——热管冷却

（2）水冷散热器，散热器内部有循环水的通道。

动车一般都采用风冷方式，有的用强迫风冷，有的用自然风冷。强迫风冷需要设计通风道和风机，有一种强迫风冷采用内、外双风道，用外风道来冷却内风道的部件，这样可以避免内风道中的部件受尘埃等的污染。自然风冷利用列车的走行风冷却。一般来说，整体铝质翅片散热器多数采用强迫风冷；采用热管散热器时，由于它的散热效果较好，一般都用自然风冷。

逆变器的结构，各公司的产品各有不同。

图 7-22～图 7-24 为 Bombardier 公司的 3 种 ICON 型逆变器外形及模块。其中 ICON—A 型及 ICON—M 型为强迫风冷逆变器，ICON—W 型是水冷逆变器。后者因为冷却效果较好，在使用相同功率的 IGBT 元件情况下，输出功率较风冷者大，但是要增加一套水循环系统。

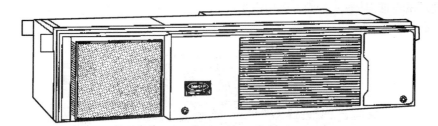

图 7-22　Bombardier 公司的 ICON—A 型逆变器

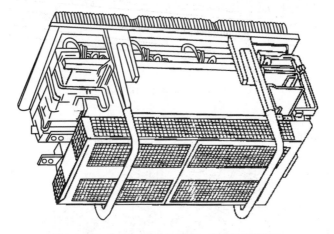

图 7-23　Bombardier 公司的 ICON—M 型逆变器模块

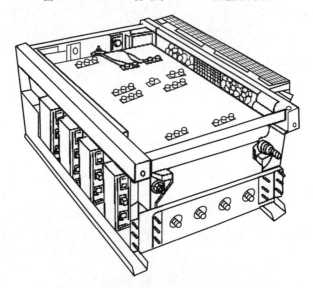

图 7-24　Bombardier 公司的 ICON—W 型逆变器模块

图 7-25 是 Siemens 公司强迫风冷的逆变器内部结构图。

图 7-26 是 ALSTOM 公司 ONIX 系列强迫风冷逆变器内部结构图。

对于 IGBT 逆变器,为了保证 IGBT 在换流时(电流从一个已导通的元件转换到另一个元件)在关断的元件上的过电压尽量小,要求主电路的杂散电感(寄生电感)尽量小。为此,一方面,在布置上要求主电路连线尽量短,并采取降低电感的措施,如采用叠层母排,使母线上的"互感"相互抵消;另一方面,所使用的主要器件如滤波电容器(支撑电容器),其内部电感应尽可能地小(例如每个电容器的自感仅为40nH)。

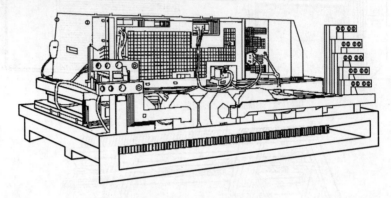

图7-25 Siemens公司逆变器

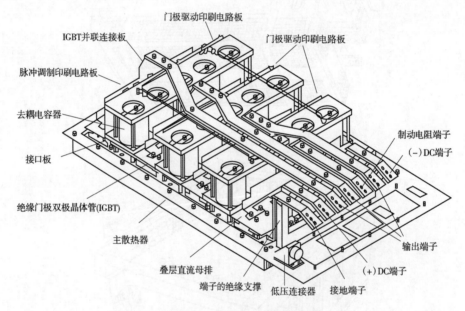

图7-26 ALSTOM公司ONIX型逆变器的内部结构

**2. 逆变器的主要技术参数**

(1)输入电压范围。对于额定网压DC1 500V的系统,输入电压一般为1 000~1 800V。在低电压时(<1 500V),列车降功率运行。电制动时,高于设定值(一般是1 800V)只允许电阻制动。

(2)输出电压:$0 \sim (\sqrt{6}/\pi) U_d$($U_d$为额定输入电压)。

(3)额定值:容量、输入电流、输出电流。

(4)最大值:牵引时最大输出容量与电流、制动时最大输出容量与电流。

(5)频率:输出频率(基波)、功率电子器件最高开关频率。

(6)额定点输出效率。

(7)绝缘耐压。

(8) 保护等级:IPXX。
(9) 冷却方式。

最大电流包括有效值 $I_{RMS}$ 和尖峰值 $I_P$。尖峰值指基波幅值与谐波叠加后的最大值,可以用 $I_P = K \cdot \sqrt{2} \cdot I_{RMS}$ 表示。在牵引工况下,该峰值通过 IGBT 元件;在电制动工况下,该峰值通过反并联二极管。

输出频率一般为 0~200Hz,开关频率一般为 700~800Hz。只要谐波在限制范围之内,就没有必要使用过高的开关频率,以免不必要的开关损耗。

制动斩波器主要技术参数如下:
(1) 最大输出电流。
(2) 开关频率,一般在 400Hz 以下。
(3) 冷却方式。
(4) 导通比调节范围。
(5) 保护等级。

## 第7.2节 辅助逆变器

### 一、城市轨道交通车辆辅助供电系统

电客列车辅助供电系统主要是除牵引系统以外的所有用电设备提供电源的供电系统。其供电的主要负载有:列车空调、客室照明、设备通风冷却、电器电子装置、蓄电池充电等。辅助供电系统,包括辅助逆变器、低压电源装置、蓄电池和相关的电气设备,如隔离开关、接触器、熔断器、故障转换装置(也称"扩展供电转换装置")等。

图 7-27、图 7-28 分别为 6 辆编组电客列车和 8 辆编组电客列车的辅助供电系统原理图。

DC1 500V 触网电流经受电弓、列车导线和隔离二极管向每节车的辅助逆变器馈电。其中 A 车和 B、C 车上的辅助逆变器有所不同,A 车上的逆变器输出 DC110V 和三相 AC380V、50Hz 两种电源。DC110V 向蓄电池充电,并提供整列车 DC110V 控制电源。三相 AC380V、50Hz 向列车提供照明及通风电源。考虑到逆变器可能发生故障,所以每个 A 车逆变器负担 50% 的列车照明和通风。B、C 车上的逆变器只输出三相 AC380V、50Hz 电源,向列车提供空调机组电源,各负担一半空调机组的供电。

### 二、辅助逆变器与低压电源的电路结构

城市轨道交通车辆中的辅助逆变器与低压电源系统有多种电路结构,目前应用较多的有如下几种形式。

**1. 先升压斩波再逆变的电路结构**

先升压斩波再逆变的电路结构,见图 7-29。接触网电源先经升/降压斩波再送入逆变器,逆变器输出的三相交流电经三相隔离变压器隔离降压后分两路:一路直接输出三相 AC380V 电源;另一路交流电经二极管整流器整流后输出 DC110V 电源。

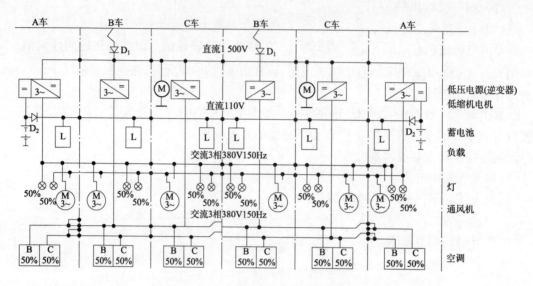

图7-27  6辆编组列车的辅助供电系统原理图

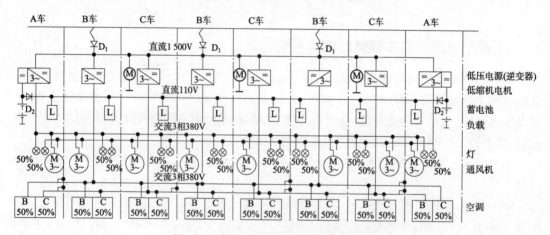

图7-28  8辆编组列车的辅助供电系统原理图

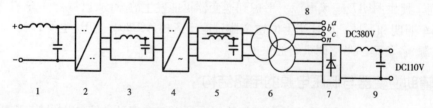

图7-29  先升压斩波再逆变的电路结构

1-线路滤波器；2-升/降压斩波器；3-直流侧滤波器；4-逆变器；5-交流滤波器；6-隔离变压器；7-二极管整流桥；8-三相AC380V输出；9-低压直流滤波器（输出DC110V）

这套先升压斩波再逆变的电路系统适用于接触网电压为DC750V的场合，因它的网压波动范围为500～900V，所以需要斩波器具有升压功能。这种形式电路的目的都是为了使逆变器的输入电压稳定，即使在负载变化时，也能保证斩波器有稳定的输出电压。

## 2. 先降压斩波再逆变的电路结构

先降压斩波再逆变的电路结构,见图7-30。该电路结构与前一种形式基本相同,只有以下两点区别。

(1)环节2为一降压斩波器,故该电路适用于网压为DC1 500V的供电系统。

(2)逆变器输出是先经△-Y连接方式的变压器降压后输三相AC380V(带中性线),一方面直接向空调等三相交流负载供电,另一方面再经两套降压-整流装置分别输出DC110V和DC24V直流电源。

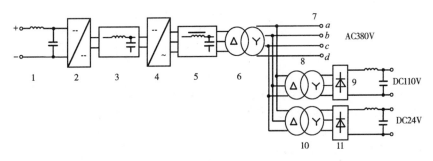

图7-30　先降压斩波再逆变的电路结构

1-线路滤波器;2-升/降压斩波器;3-直流侧滤波器;4-逆变器;5-交流滤波器;6-隔离变压器;7-三相AC380V输出(带中性线);8-降压变压器1;9-二极管整流器1;10-降压变压器2;11-二极管整流器2

以上两种形式的电路其共同特点,都是先经斩波器调压再逆变;目的都是为了使逆变器的输入电压稳定,即使在负载变化时,也能保证斩波器有稳定的输出电压。但从目前的技术水平来看,以IGBT为代表的开关器件的开关频率足以满足在网压波动范围内,用PWM调制,完全可以使逆变器输出稳定,且满负荷运行。另外,多一个环节,多一个发生故障的可能。因此,现在一般均采用直接逆变的方式。以下几种电路均为直接逆变的方式。

## 3. 隔离变压器两路输出的电路结构

隔离变压器两路输出的电路结构,见图7-31。网压经滤波后直接送逆变器,经具有两套次边绕组的三相变压器降压后,一组直接输出三相AC380V,另一组输出送二极管整流器整流后获得DC110V直流电源。

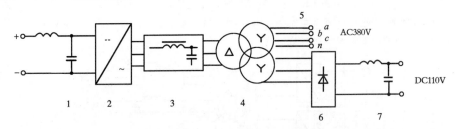

图7-31　隔离变压器两路输出的电路结构

1-线路滤波器;2-逆变器;3-交流滤波器;4-隔离变压器;5-输出带中点三相AC380V的隔离变压器一组副边绕组;6-二极管整流器;7-直流滤波(输出DC110V)

## 4. 隔离变压器一路输出的电路结构

隔离变压器一路输出的电路结构,见图7-32。网压经滤波后直接送逆变器,经具有两套次边绕组的三相变压器降压后,一组直接输出三相AC380V,另一组输出送二极管整流器整流后获得 DC110V 直流电源。

　　以上 4 种形式的电路结构,均是采用单台逆变器的方案。这种电路结构对于网压 1 500V、容量约 200kVA 的辅助逆变器,一般均使用 3 300V/400A IGBT 元件,并通过采用 PWM 调制技术使输出电压的谐波含量在限制值以内。目前,这种电路因结构简单、可靠而成为普遍采用的辅助供电系统的电源结构形式。

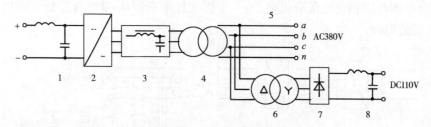

图 7-32　隔离变压器一路输出的电路结构

1-线路滤波器;2-逆变器;3-交流滤波器;4-隔离变压器;5-输出带中性线的三相 AC380V;6-△-Y降压变压器;7-二极管整流器;8-直流滤波(输出 DC110V)

**5. 采用两台逆变器串联的电路结构**

　　除上述 4 种形式的电路结构之外,还有采用两台逆变器串联的电路结构形式,如图 7-33、图 7-34 所示。图 7-33 所示电路为电源经两台逆变器逆变之后的交流电输出至隔离变压器,然后和通过电路叠加后滤波输出;而图 7-34 所示电路是将两台逆变器输出电压经隔离变压器,然后通过磁路叠加后滤波输出。

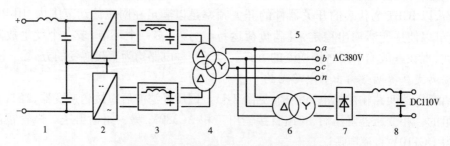

图 7-33　电路叠加形式的双逆变器电路结构

1-线路滤波器;2-逆变器;3-交流滤波器;4-电路叠加型隔离变压器;5-输出带中性线的三相 AC380V;6-△-Y降压变压器;7-二极管整流器;8-直流滤波(输出 DC110V)

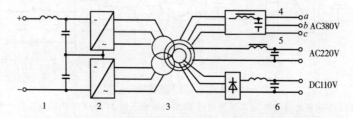

图 7-34　磁路叠加形式的双逆变器电路结构

1-线路滤波器;2-逆变器;3-磁路叠加型隔离变压器;4-输出不带中性线的三相 AC380V;5-交流滤波器;6-直流滤波(输出 DC110V)

　　这种电路的优点,是逆变器可以采用低电压的 IGBT 元件(对于网压 1 500V、容量

200kVA 左右的逆变器,用 1 700V/400A 元件)。另外,可以控制两台逆变器输出电压的相位差,当它们经过变压器叠加后(不论是磁路还是电路叠加),可以使变压器输出电压的谐波减少。这样对输出滤波器的要求可以降低,即可以减小滤波器的体积和质量。

但这种电路较为复杂,尤其是变压器,用电路叠加的变压器称为 $D_Y$-$D_Z$ 变压器,它的副边绕组较为复杂。用磁路叠加的变压器,磁路设计较为复杂。另一方面,这种电路的产生是在早期 IGBT 元件耐压水平不太高的情况下出现的。目前 IGBT 的额定电压等级已足够高,因此,目前的产品已基本不再采用该方法。

### 三、辅助逆变器的工作原理和技术参数

1. 辅助逆变器的工作原理

辅助逆变器的工作原理,见图 7-35。DC1 500V 网压经 L-C 滤波器后由一个 GTO 或 IGBT 斩波器进行斩波调压至 770V,再经过中间直流环节送入六脉冲 GTO 或 IGBT 逆变器,其输出经隔离变压器后成为 AC380V。有的逆变器在隔离变压器次边还多了一组抽头,该组交流电压经整流后输出 DC110V。

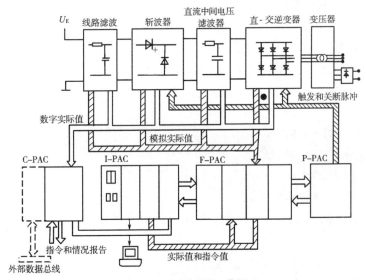

图 7-35 辅助逆变器的工作原理

静止逆变的控制原理,见图 7-36。它有以下 4 个功能包:

(1) 电源功能包(P-PAC)——提供控制电源及斩波、逆变器的脉冲。

(2) 通信功能包(C-PAC)——传输逆变器及列车上的各种信号,寄存过程参数实际值。

(3) 接口功能包(I-PAC)——确定电参数所需值,监控逆变器电压、电流、温度、延时时间及工作过程,它(4)包括中央单元、通道、转换单元、过程数据显示及记录等模块。

(4) 快速保护和控制功能包(F-PAC)——控制逆变器工作过程,寄存过程参数中实际值的模拟量、逆变器快速保护。它包括实际值寄存、模拟监控、逆变器控制单元等模块。逆变器的快速保护功能是:模拟信号被控制在极限值以内,如果超出极限值就封锁触发脉冲,中断逆变器工作;同时调整电压控制器板工作状态,短路晶闸管触发工作。此时,把逆变器中断原因输入 I-PAC 中,由 I-PAC 确定重新启动的可能性。

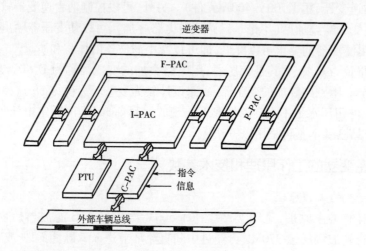

图 7-36 辅助逆变器控制 PAC 系统图

2. 辅助逆变器的技术参数

辅助逆变器的主要技术参数如下。

(1) 额定输入电压:DC1 500V$^{+20\%}_{-30\%}$。

(2) 输入滤波器:$L = 14\text{mH}^{+25\%}_{-15\%}$;$C = 460\text{mF} \pm 10\%$。

(3) 动态电压保护:晶闸管(过电压触发值 350V ± 50V)。

(4) 斩波器:

工作频率为 500Hz + 0.5%。

控制方式为脉宽调制(PWM)。

最小导通时间为 100μs ± 20μs。

最大导通时间为 1820μs ± 10μs。

(5) 直流中间电路滤波器:$L = 6\text{mH}^{+30\%}_{-10\%}$;$C = 12\text{mF} \pm 10\%$。

(6) 三相交流逆变器:

直流中间电压 $U_d$ 为 775V ± 35V。

直流中间电压动态公差为 591 ~ 950V。

$\Delta U_d < 10\%$ 调整时间为 300ms。

输出电压频率为 50Hz ± 0.5%。

三相逆变器输出电压总有效值为 632V ± 5%。

三相逆变器输出电压基波有效值为 600V ± 5%。

(7) 隔离变压器:

输出电压总有效值为三相 400V ± 5%。

基波电压有效值为三相 380V ± 5%。

峰值电压 $V_S$ = 491V ± 5%。

(8) 逆变器输出功率:

额定功率为 75kVA。

短时功率为120kVA。

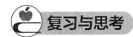 复习与思考

1. 简述IGBT的基本特性。
2. 简述PWM型逆变电路的基本工作原理。
3. 通过阅读课外书籍了解PWM型逆变电路的控制技术。
4. 简述斩波电路的工作原理。
5. 概括城市轨道交通车辆上逆变器的基本结构组成。

# 第8章 主型电器

### 教学目标

1. 了解受电弓、高速断路器、司机控制器第三轨受流器的结构。
2. 能够分析各主型电器的工作原理。
3. 对部分主型电器的技术参数有一定了解。
4. 了解部分主型电器的试验方法。
5. 能够对各主型电器进行日常的检查维护。

### 建议学时

22 学时

主型电器是指专门为城市轨道交通车辆设计制造的、作用重要、结构复杂、体积较大的专用电器。它主要包括受电弓、高速断路器、司机控制器、第三轨受流器等。

本章主要介绍城市轨道交通车辆上主型电器的作用、结构、工作原理、特点和主要技术参数；并简要介绍其检查、维护、检修的方法和试验方法。

## 第8.1节 受 电 弓

受流器是靠电力驱动（简称电动）的轨道车辆从接触网或第三轨获取电能的一种受流装置。受电弓安装于车顶，靠与接触网接触进行受流；第三轨受流器（集电靴）安装于转向架上，靠与第三轨接触受流。

### 一、受电弓概述

**1. 受电弓的作用**

图 8-1 地铁车辆上的受电弓

一般将安装于电力机车、地铁车辆、轻轨车辆等的顶部，与接触网接触从而获取电能的受流装置，称为受电弓，如图 8-1 所示。

受电弓通过绝缘子安装在城市轨道交通车辆的车顶上，是一种铰接式的机械构件。当受电弓升起时，其滑板与接触网导线直接接触，从接触网导线上获取电流，并将其通过车顶母线传送至车辆内部，供车辆使用。

**2. 受电弓的特点**

受电弓靠滑动接触而受流，是城市轨道交通

车辆与固定供电装置之间的连接环节,其性能的优劣直接影响城市轨道交通车辆的受流质量和工作的可靠性。因此,要求受电弓具备以下3个特点。

(1)稳定的静态接触压力。

受电弓滑板与接触网导线的接触需要有一个适当的接触压力,且这个接触压力在受电弓的工作高度范围内,应该基本保持不变。这样,就可保证滑板与接触导线接触可靠、磨耗小,可靠受流。

(2)升、降弓时要"先快后慢"。

为保证升、降弓时不产生过分冲击,要求受电弓在升、降弓过程中应先快后慢,即升弓时滑板离开底架要快,贴近接触导线要慢,以防弹跳(弹跳会产生弓网间的拉弧造成弓网的烧损);降弓时滑板脱离接触导线要快(以防拉弧造成烧损),落在底架上要慢(防止对底架有过分的机械冲击)。

(3)运行中平稳、动态稳定性好。

3. 受电弓的类型和型号

受电弓可按结构、速度、驱动方式和降弓方式等进行如下分类。

(1)按结构分,受电弓可分为双臂受电弓和单臂受电弓两种。双臂受电弓[图8-2a)]结构对称,侧向稳定性好,但结构复杂,调整困难。单臂受电弓[图8-2b)]结构简单,尺寸小,质量小,调整容易,具有良好的动特性。车辆高速运行时,受电弓的动态跟随性及受流特性较好,所以被现代城市轨道交通车辆广泛采用。

a)双臂受电弓　　　　　　　　　　b)单臂受电弓

图8-2　单、双臂受电弓

(2)按速度分,受电弓可分为高速受电弓和常速受电弓。

(3)按驱动方式分,受电弓可分为弹簧弓和气囊弓。

(4)按降弓方式分,受电弓可分为气动式、电动式、自重降弓式等几种方式。

目前,国内城市轨道交通车辆上所用的受电弓基本上是由国外 Schunk 公司生产的 SBF系列受电弓、Siemens 生产的 8WLO 系列受电弓和东洋重工生产的 KP3307 系列受电弓 3 种类型的受电弓经改进设计而来的,如广州地铁 2 号线采用的 TSG18D 型受电弓就是引进Siemens 公司的 8WLO—6YH69 型受电弓的技术再进行国产化设计而来。目前,国内城市轨道交通车辆普遍采用的是 DSA 系列、TSG 系列和 SQG 系列受电弓,也有采用国外进口受电弓的。

各型受电弓的主体结构和动作原理基本相同,细节结构会有所不同。本节以广州地铁 2

号线地铁车辆上采用的 TSG18D 型受电弓为例,详细介绍受电弓的结构、技术参数、动作原理等内容。

## 二、TSG18D 型受电弓的主要技术参数

TSG18D 型受电弓的外形,如图 8-3 所示。其主要技术参数,见表 8-1。

图 8-3　TSG18D 型单臂受电弓的外形

**TSG18D 型受电弓的主要技术参数**　　　　　　　　　　　　　表 8-1

| 项　目 | 技　术　参　数 | 项　目 | 技　术　参　数 |
|---|---|---|---|
| 额定电压(V) | DC1 500 | 弓头高度(mm) | 225 ± 10 |
| 电压范围(V) | DC1 000 ~ DC1 800 | 滑板长度(mm) | 800 ± 1 |
| 额定工作电流(A) | 1 050 | 滑板宽度(mm) | 35 |
| 最大起动电流(30s)(A) | 1 600 | 滑板材质 | 浸金属碳 |
| 工作环境温度(℃) | -25 ~ +40 | 标称静态力(N) | 120 ± 10 |
| 运行速度(km/h) | 90 | 静态力的可调节范围(N) | 70 ~ 140 |
| 折叠高度(包括绝缘子)(mm) | 310(0 ~ +10) | 额定工作气压(kPa) | 560 |
| 最低工作高度(从落弓位置滑板面起)(mm) | 165 | 气源的工作压力(kPa) | 500 ~ 1 000 |
| 最高工作高度(从落弓位置滑板面起)(mm) | 1 950 | 升弓时间(s) | ≤9 |
| 最大升弓高度(从落弓位置滑板面起)(mm) | ≥2 550 | 降弓时间(s) | ≤8 |
| 绝缘子高度(mm) | 80 | 质量(包括支持绝缘子)(kg) | ≤140 |
| 弓头长度(mm) | 1 550 ± 10 | 安装尺寸(四点)(mm) | (1 100 ± 1) × (900 ± 1) |
| 弓头宽度(mm) | 328 ± 3 | 电气间隙(mm) | ≥30 |

## 三、TSG18D 型受电弓的基本结构及主要部件的作用

TSG18D 型受电弓的基本结构,如图 8-4 所示。它由底架部分(序 1)、铰链系统(包括

序4:拉杆、序6:下臂杆、序7:上框架等部分)、弓头组装(序8)、平衡杆(序3)、传动机构(序12)和控制机构(序10)等组成。下文对各部分进行详述。

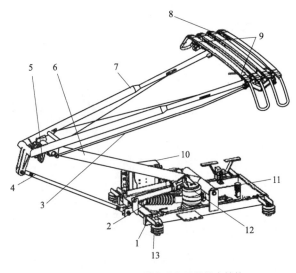

图8-4 TSG18D型单臂受电弓的基本结构

1-底架组装;2-阻尼器;3-平衡杆;4-拉杆;5-肘接电流连接组装;6-下臂杆组装;7-上框架组装;8-弓头组装;9-弓头电流连接;10-气阀箱;11-降弓位置指示器;12-升弓装置组装;13-支持绝缘子

### 1. 底架

受电弓底架是一个由矩形钢管焊接而成的口字形钢结构,在受电弓的升降弓过程中,底架是不运动的,它不但作为整个受电弓体的底部支撑,还提供机械、电气和气路接口。

(1)机械接口。支撑架上 $\phi 18mm$ 的通孔用于安装支持绝缘子的安装螺钉。

(2)电气接口。底架上的电流接线板是受电弓对外的电气接口,它采用不锈钢材料制成。

(3)气路接口。支撑板上安装有受电弓对外的气路接口,支撑板采用不锈钢材料。

### 2. 铰链系统

铰链系统包括下臂杆组装、上框架组装和拉杆组装。铰链系统与底架一起构成了受电弓的四杆机构,该四杆机构保证了上框架中顶管的运动轨迹呈一条近似铅垂的直线。

(1)下臂杆组装。下臂杆组装,如图8-5所示。

下臂杆的两端分别与底架和上框架采用轴承连接,与底架连接的轴承安装在下臂杆的底架轴承管内,与上框架连接的轴承安装在下臂杆的肘接轴承管内。轴承具有良好的密封能力,而且在其使用期内免维护。受电弓升降弓运动时,它绕着底架上的固定点做圆周运动。

(2)上框架组装。上框架组装,如图8-6所示。

如图8-6所示,上框架是由顶管4、阶梯铝管2和肘接处的连接管1组焊而成铝合金框架结构;上框架上安装有对角线杆3,用于增加上框架的刚度。上框架通过轴承分别与拉杆、下臂杆及弓头连接。上框架的此种设计减轻了受电弓的整体质量,提高了受电弓的弓网跟随性。

（3）拉杆。它构成四杆机构的闭环。可以通过调节拉杆上螺母和螺杆的相对位置来改变拉杆长度，从而对四杆机构的几何尺寸进行调整以修正偏差。

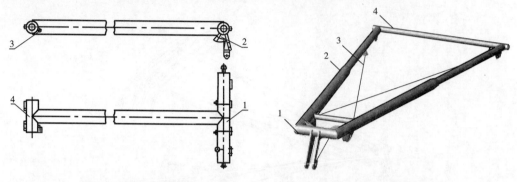

图 8-5　下臂杆组装
1-底架轴承管；2-扇形调整板；3-平衡杆连接块；4-肘接轴承管

图 8-6　上框架组装
1-肘接处的连接管；2-阶梯铝管；3-对角线杆；4-顶管

**3. 弓头组装**

弓头是与接触导线直接接触的部件，其结构见图 8-7。为了保证弓头与接触线能够保持良好的恒定接触，弓头应具有尽可能小的惯性质量。

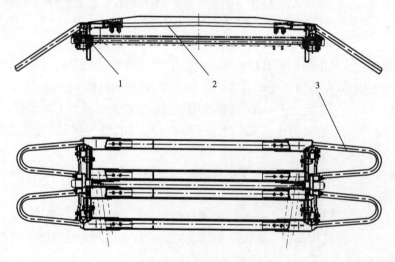

图 8-7　弓头组装
1-弓头悬挂装置；2-滑板；3-弓角

如图 8-7 所示，弓头分两部分：与网线接触的部分及与上框架连接的部分。前者主要包括滑板 2 和弓角 3；后者主要包括弓头悬挂装置 1。弓角位于弓头端部，用以保证接触线与弓头的平滑过渡。

弓头悬挂装置的应用使得弓头具有一定的自由度，同时弓头集电时，弓头与网线之间的高频振动可以通过弓头悬挂装置吸收缓冲。

如图 8-8 所示，弓头悬挂装置由两组呈 V 形排列的橡胶弹簧元件 2 和导杆组焊 3 组成。橡胶弹簧元件安装在弓角的连接板 4 上；导杆组焊安装在弓头转轴 1 的末端，两组之间通过弓头转轴连接。

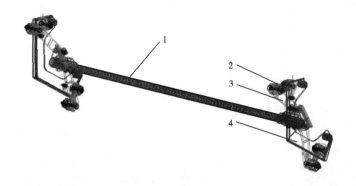

图8-8 弓头悬挂装置
1-弓头转轴;2-橡胶弹簧元件;3-导杆组焊;4-连接板

弓头转轴由压入上框架顶管内的免维护粉末冶金衬套支撑。橡胶弹簧元件是免维护的,它的各向弹性可以对弓头的运动进行误差补偿,并且吸收弓头的侧向振动。

4. 平衡杆

平衡杆主要由平衡杆导杆和止挡杆组焊组成(见图8-4)。

弓头具有一定的自由度,可以绕弓头转轴自由地摆动。在运行过程中,弓头将通过平衡杆使其保持正确的工作状态。而在升降弓过程中,由于有平衡杆的作用,避免了弓头的翻转。

5. 传动机构

受电弓的传动机构主要由升弓装置组成,如图8-9所示。

受电弓升弓时所需的升弓转矩及升起后与网线间的接触压力是由两个充满压缩空气的气囊3、与气囊连接并被拉伸的钢丝绳2和紧固在下臂杆上的扇形调整板4产生。升弓气囊主要装在底架上,通过钢丝绳与受电弓下臂杆连接在一起,给受电弓升降弓提供动力。升弓时气囊充气后涨起,通过钢丝绳带动下臂杆转动,从而实现受电弓升弓运动。

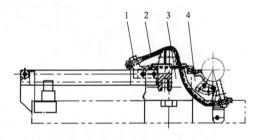

图8-9 升弓装置组装
1-钢丝绳紧固螺钉;2-钢丝绳;3-气囊;4-扇形调整板

6. 控制机构

气阀箱(见图8-4)是受电弓的控制机构,由空气过滤器、单向节流阀、精密调压阀、安全阀等几部分组成。

(1)空气过滤器:将机车压缩空气中的水雾分离出来,保证提供的压缩空气是干燥而且纯净的。

(2)单向节流阀:通过控制压缩气体的过流量来调整受电弓升弓时间。同时,它还通过控制排放气体的过流量来调整受电弓降弓时间。

(3)精密调压阀:其为受电弓提供恒定的压缩空气,它的精度偏差为 ±0.002MPa;精密调压阀用于调节接触压力,因为气压每变化0.01MPa,就会使接触压力变化10N。

(4)安全阀:如果精密调压阀出现故障,安全阀就会起到保护气路的作用。

**7. 电流连接组装**

电流连接组装分为弓头电流连接组装、肘接电流连接组装和底架电流连接组装。

（1）弓头电流连接组装[图8-10a)]，是将网线上的电流由弓头导流至上框架上，从而使电流绕过了顶管内的轴承和弓头悬挂装置上的橡胶弹簧元件，以避免轴承和橡胶弹簧元件出现大的温升而导致损坏。

（2）肘接电流连接组装[图8-10b)]，是为保护安装于肘接轴承管内的轴承。

（3）底架电流连接组装[图8-10c)]，是为保护安装于底架轴承管内的轴承。

a)弓头电流连接组装　　　b)肘接电流连接组装　　　c)底架电流连接组装

图8-10　电流连接组装

**8. 降弓位置指示器**

电感式降弓位置指示器（图8-11）安装在受电弓底架上，在上框架顶管的下方。受电弓降弓时，电感应器自动闭合，给出降弓到位信号；升弓时，电感应器断开，给出升弓信号。

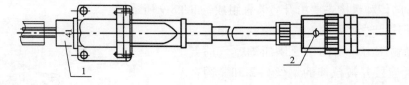

图8-11　降弓位置指示器

1-波纹管接头；2-LED

**9. 支持绝缘子**

TSG18D 型受电弓安装有4个支持绝缘子。其细节结构，如图8-12 所示。

支持绝缘子采用环氧树脂材料，具有很高的绝缘等级及机械强度。

支持绝缘子有以下两个功能：

（1）对带电的受电弓与相连接的车顶进行电隔离。

（2）使受电弓同车顶进行机械连接。

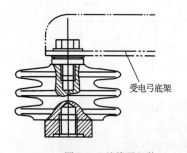

图8-12　绝缘子组装

## 四、TSG18D 型单臂受电弓的工作原理

**1. 电气系统**

受电弓的电气系统，包括高压电流电路和低压控制电路两大部分。

受电弓是车辆的受流部件。受电弓升起后与接触网接触，从接触网上集取电流，并将电流传送到车辆电气系统。接触网的电流首先由滑板流入受电弓弓头,然后依次经过上框架、下臂杆后流入底架,最后经连接在受电弓底架上的车顶母线导入车辆电气系统,这是受电弓的高压电流电路。

受电弓控制电路的主令电器是驾驶室的升弓和降弓按钮,控制电路电源经过升/降弓按钮及一系列控制环节,最终使受电弓电磁阀线圈得电或失电,从而控制受电弓气路的充气或排气,实现对受电弓的控制。

司机按下升弓按钮,如果所有控制条件均满足,受电弓电磁阀线圈控制电路导通,将会使电磁阀线圈得电,从而使电磁阀阀口打开,使压缩空气进入受电弓气路部分。降弓时,按下降弓按钮,将使受电弓电磁阀失电,从而关闭向受电弓气路供气的通路,同时打开受电弓气囊的排气通路,使得受电弓降弓。

2.气路系统

受电弓通过空气回路实现升、降弓动作。受电弓气路工作原理,如图8-13所示。

升弓时,升弓电磁阀得电,压缩空气经电磁阀进入气阀箱后,依次经过空气过滤阀2、单向节流阀3、精密调压阀4、单向节流阀6、安全阀7后,分为两条支路分别向受电弓的两个升弓气囊9供气;压缩空气进入升弓气囊后,气囊膨胀抬升,抬升的气囊带动钢丝绳(图8-9序2)拉拽下臂杆,使下臂杆转动,从而实现受电弓逐渐升起,直到受电弓弓头与接触网接触并保持规定的静态接触压力。此时,升弓气囊中的气压稳定在气阀箱内精密调压阀的设定值。

受电弓工作时,升弓气囊被持续供以压缩空气,弓头与接触网之间的接触压力保持基本恒定。

降弓时,升弓电磁阀失电,向受电弓供应的压缩空气被切断。同时,升弓电磁阀将受电弓气路与大气连通,升弓气囊对外排气,受电弓靠自重下降,直到弓头落在底架的两个橡胶止挡上。

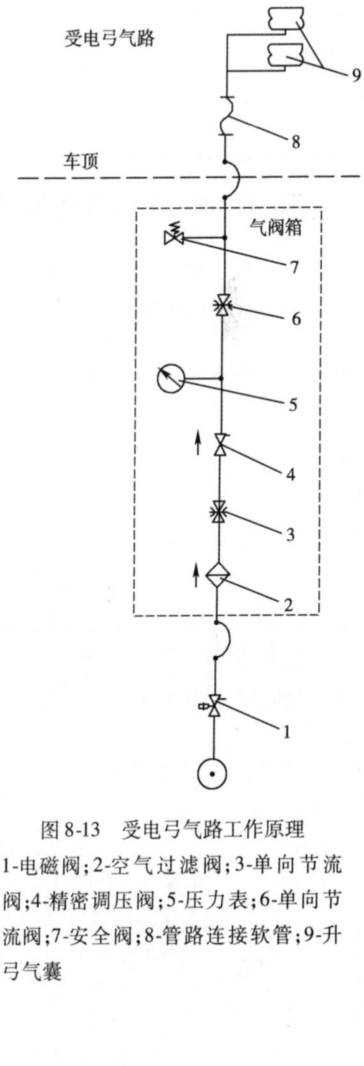

图8-13 受电弓气路工作原理
1-电磁阀;2-空气过滤阀;3-单向节流阀;4-精密调压阀;5-压力表;6-单向节流阀;7-安全阀;8-管路连接软管;9-升弓气囊

### 五、TSG18D 型单臂受电弓的使用

受电弓操作及控制步骤,如表8-2所示。

受电弓操作及控制步骤　　　　表8-2

| 序号 | 操作步骤 | 操作或控制方法 | 结果/指示说明 |
| --- | --- | --- | --- |
| 1 | 准备 | 按照车辆操作规程进行升弓前准备 | — |

续上表

| 序号 | 操作步骤 | 操作或控制方法 | 结果/指示说明 |
|---|---|---|---|
| 2 | 升弓 | 在驾驶室操纵台按下受电弓升弓控制按钮 | 升弓电磁阀(车辆受电弓控制单元的一部分)得电、接通，压缩空气进入受电弓；受电弓在弓头开始动作后，不大于9s时间内升弓到位；若升弓出现故障，则需按照相关文件规定进行检查 |
| 3 | 降弓 | 在驾驶室操纵台按下受电弓降弓控制按钮 | 升弓电磁阀失电；受电弓在不大于8s时间内降弓到位；若降弓出现故障，则需按照相关文件规定进行检查 |

## 六、TSG18D 型单臂受电弓的维修

### 1. 维修等级

TSG18D 型单臂受电弓分为 5 个维修等级。其具体规定，如表8-3 所示。

TSG18D 型单臂受电弓的维修等级　　　　表8-3

| 维修等级 | 说　明 | 运行里程数 | 间　隔　期 |
|---|---|---|---|
| S | 日检 | — | 1 日 |
| A | 1~2 周检 | 5 000~10 000km | 1~2 周 |
| B | 月检 | 20 000~40 000km | 1 月 |
| C | 半年检 | 约 200 000km | 0.5 年 |
| D | 6~8 年检 | 1 500 000~2 000 000km | 6~8 年 |

### 2. 维修计划

TSG18D 型单臂受电弓在使用过程中需按表8-4 所列计划进行维修。

维　修　计　划　　　　表8-4

| 序号 | 部件 | 维修内容 | 维修等级 |
|---|---|---|---|
| 1 | 受电弓 | (1)目检各主要部件、底架、铰链系统，无受损、裂纹、缺失、变形的零件或冲击零件；<br>(2)导流线(包括弓头电流连接组装、肘接电流连接组装、底架电流连接组装)，无断裂或松动；<br>(3)滑板无断裂、裂纹、过度磨损；<br>(4)支持绝缘子无裂缝、污染或撞痕；<br>(5)降弓位置指示器上下感应面无污染；<br>(6)受电弓应能正常升降，无异响 | S(日检) |
| 2 | 受电弓 | (1)碳滑板紧固牢固，无松动现象，表面应规则无缺损，摩擦面应光滑；滑板出现裂纹、槽纹、刃部有冲击或滑板根部厚度达 4mm 时，更换滑板；<br>(2)弓角磨损偶尔发生，但不是受电弓本身造成的，当弓角或滑板边缘切口严重磨损时，需立即维护接触网；<br>(3)擦拭干净降弓位置指示器的上下感应面 | A(1~2 周检) |

续上表

| 序号 | 部件 | 维修内容 | 维修等级 |
|---|---|---|---|
| 3 | 受电弓 | (1)检查碳滑板和弓头悬挂装置间的连接是否松动,弓头悬挂装置和上框架顶管间的连接是否松动;检查弓角是否有开裂现象,更换有裂纹的弓角;<br>(2)受电弓在任何状态下,导流线都不应被拉紧或与其他部件接触,有断股的导流线必须更换;<br>(3)检查升弓装置钢丝绳是否有断股现象,若有钢丝断裂则须更新钢丝绳;<br>(4)检查升弓气囊是否有漏气现象,必要时更新;<br>(5)擦拭干净降弓位置指示器的绝缘安装板表面 | B(月检) |
| 4 | 受电弓 | (1)检查受电弓静态接触压力及升降弓时间是否符合设计要求;<br>(2)使用软布、清洁剂清洁绝缘子全部表面,清洁完毕后绝缘子应干透并发亮;若发现有裂纹或碰痕的绝缘子则须立即更换;<br>(3)检查各接线端和接头的紧固件,必要时须紧固、更新;<br>(4)如果安装了新滑板,就应重新调节接触压力;<br>(5)对升弓装置钢丝绳进行清洁和涂脂;<br>(6)检查受电弓气路的气密性 | C(半年检) |
| 5 | 受电弓 | (1)检查受电弓是否横向变形;<br>(2)拆卸受电弓:<br>①检查下臂杆的底架轴承、肘接轴承;<br>②对拉杆接头进行清洁和涂脂;<br>③对升弓装置钢丝绳进行清洁和涂脂;<br>④更新升弓装置气囊;<br>⑤更新橡胶弹簧元件;<br>⑥更新阻尼器 | D(6~8年检) |

3. 操作人员资质及重要安全警示

(1)操作人员资质

受电弓的检修、维护和保养工作必须由取得相关资格认证的有资质人员进行操作。有资质的人员是指经过培训、具有实践经验和经过指导,以及对相关标准、规定、故障预防规定和操作指导的知识已经得到安全管理部门的批准,能够知晓和避免与检修保养工作相关的危险的人员。

同时,也需要具备紧急救助和使用当地救护设施的知识。

(2)重要安全警示

危险

受电弓是连接接触网和车辆的高压电气设备。受电弓的额定工作电压为 DC1 500V。接触正在工作中的受电弓及任何其他车顶设备将引起致命伤害!

危险
在对受电弓及其他车顶设备进行任何检修、维护和保养工作前,必须确保车辆在接触网无电区段!

危险
应尽可能在没有接触网的车间内进行检修、保养及维护工作。如果必须在接触网下进行相关工作,必须按照中国铁路总公司、路局或相关部门规定对车辆进行高压隔离及接地!

危险
仅允许有资质的且经过授权的人员对受电弓进行检修、保养及维护工作。同时该人员必须具备丰富的安全知识及危险处理经验!

警告
不规范操作造成的损坏不在质量保证范围内!

## 第8.2节　高速断路器

### 一、高压断路器简介

　　高速断路器是一种采用电磁驱动方式的高压断路器,由于电磁驱动装置反应迅速,动作快,因此称其为高速断路器。由于其工作于直流电路,故采用灭弧罩进行灭弧(原因参见第3章第3.5节)。

　　高速断路器主要用于城市轨道交通车辆上,作为车辆电气系统的总开关和保护电器。当高速断路器闭合时,车辆将获得由受电弓从接触网(或集电靴由第三轨)引入的电源,使车辆得以投入工作;若车辆主电路或辅助电路(是否包括辅助电路,视不同电气系统结构原理而定)发生短路、过载、接地等严重故障时,故障信号通过相关控制电路使高速断路器自动开断,切断车辆总电源,防止故障范围的扩大。

　　目前,城市轨道交通车辆上使用较多的是赛雪龙公司的UR6系列高速断路器。其中,UR6—31型额定工作电压为900V,适用于在750V网压下运行的城市轨道交通车辆;UR6—32型额定工作电压为1 800V,适用于在1 500V网压下运行的城市轨道交通车辆。下面就以UR6—32型高速断路器为例,详细介绍高速断路器的结构和动作原理。

　　电路由电源、开关和负载组成。在电源与负载之间,通常通过开关来实现电路的连通与切断。在高压大电流的复杂电路中,通常用高压断路器来实现电源的接通与切断控制。

　　在高压大电流电力系统中,高压断路器是最重要的控制和保护设备。其作用如下:

　　(1)控制作用。根据电力系统运行的需要,将部分或全部电气设备,以及部分或全部线路投入或退出运行。

　　(2)保护作用。当电力系统某一部分发生故障时,它和保护装置、自动装置相配合,将该故障部分从系统中迅速切除,保护系统中各类电气设备不受损坏,保证系统无故障部分安全运行。

　　高压断路器主要由导流部分、灭弧部分、绝缘部分、操作机构部分组成。其分类如下:

（1）按灭弧介质的不同，可分为油断路器、空气断路器、真空断路器、六氟化硫断路器、固体产气断路器、磁吹断路器和灭弧罩断路器。

（2）按操作机构的不同，可分为电磁机构、气动机构、液压机构、弹簧储能机构和手动机构。

### 二、UR6—32型高速断路器的立体结构

UR6—32型高速断路器主体结构，如图8-14所示。它由固定绝缘架、主电路、驱动装置、灭弧装置、过流脱扣装置和辅助触头及其驱动部件6个部分组成。其内部结构，如图8-15所示。

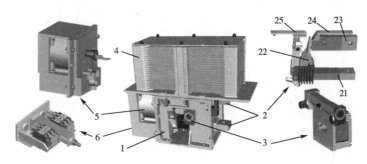

图8-14 UR6—32型高速断路器主体结构

1-固定绝缘架；2-主电路（21-下连接铜排；22-动触头；23-上连接铜排；24-带引弧角的静触头；25-引弧角）；3-过流脱扣装置；4-灭弧罩；5-驱动装置；6-辅助触点组件

#### 1. 主电路部分

主电路部分细节图，如图8-14右上角所示。它包括了动、静主触头22、24，动触头对外的连接端——下连接铜排21，静触头对外的连接端——上连接铜排23，以及将电弧引入灭弧罩的引弧角25。

#### 2. 驱动装置

驱动装置，见图8-15。它由动铁芯1、静铁芯及线圈2、拨叉11、恢复弹簧10和触头压力弹簧9组成。

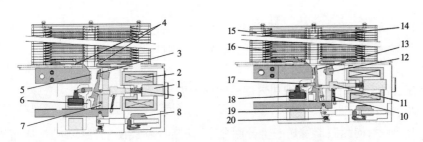

图8-15 高速断路器的内部结构

1-动铁芯；2-静铁芯及线圈；3-动触头；4-引弧角；5-静触头；6-下冲击减振器；7-导杆上；8-辅助触头盒；9-触头压力弹簧；10-恢复弹簧；11-拨叉；12-上冲击减振器；13-动触头推杆；14-灭弧罩；15-去电离隔板；16-灭弧栅板；17-杠杆；18-过电流驱动装置动铁芯；19-导杆下；20-导杆弹簧

#### 3. 过流脱扣装置

过流脱扣装置，见图8-15。它由杠杆17和动铁芯18等部分组成。

## 4. 灭火装置

灭弧装置。见图 8-15。它由去电离隔板 15 和灭弧栅板 16 组成。

## 5. 辅助触头部分

辅助触头部分,见图 8-15。它由辅助触头盒 8 及其驱动导杆 7、19 以及导杆弹簧 20 组成。UR6—32 型高速断路器装有 6 个双触点辅助触头(图 8-16)。开关容量:工作于 AC220 电路时,可流过 10A 电流;工作于 DC110V 电路时,可流过 1A 电流。每个辅助触头盒包含一对常开辅助触点和一对常闭辅助触点,通过 4 根线对外提供独立的断开/接通信号。

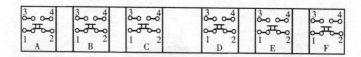

图 8-16　UR6—32 型高速断路器辅助触头的构成

## 三、UR6—32 型高速断路器的动作原理

下面对高速断路器的合闸和分闸的动作原理进行详细说明。

### 1. 合闸

如图 8-15 所示,当高速断路器接收到一个合闸命令时,驱动装置的线圈 2 得电,便在动、静铁芯之间产生磁场,使动铁芯 1 受到静铁芯 2 电磁吸力的作用而左移,进而推动拨叉 11 左移,由拨叉推动动触头 3 与静触头 5 闭合,同时触头压力弹簧 9 向主触头 3、5 施加适当的接触压力,以保证动、静主触头的可靠闭合。

同时,与动触头 3 连接的导杆 7 驱动辅助触头盒 8 中的杠杆动作,使盒中的常开/常闭辅助触头的状态与动、静主触头同步变化。

下冲击减振器 6 可对合闸过程中产生的冲击力起到减振的作用。合闸前后断路器内部状态,如图 8-15 左、右两幅图所示。左边图为合闸前的初始状态(即分闸时的状态);右边图为合闸后的状态。

### 2. 保持

如图 8-15 所示,主触头闭合后,受高速断路器常开辅助触头控制的限流电阻串入线圈 2 回路,从而使驱动装置电磁铁以一个较小的保持电流维持主触头的闭合状态。

### 3. 分闸

高速断路器的分闸有手动分闸和自动分闸两种方式。

(1) 手动分闸

如图 8-15 所示,向断路器发送一个分闸命令,切断合闸线圈的保持电流,从而使合闸电磁铁失去磁性,动铁芯在恢复弹簧 10 的弹簧恢复力的作用下复位,从而带动拨叉回到分闸位置。

打开动触头的同时,在导杆弹簧 20 的反力作用下,推动导杆 7、19 动作,带动辅助触点复位。上冲击减振器 12 可对分闸过程中产生的冲击力起到减振作用。

主触头 3、5 间产生的电弧在引弧角 4 作用下向上运动进入灭弧罩 14;在灭弧罩中电弧被灭弧栅板 16 分割,电离气体绝大部分被去电离隔板 15 中和,从而熄灭电弧。

(2) 自动分闸

高速断路器的自动分闸是指当城市轨道交通车辆的电气线路发生主电路短路、主电路接地等严重故障时,由控制电路直接控制高速断路器的合闸线圈失电,从而使高速断路器主触头断开,起到保护的作用。这种情况下,高速断路器内部的动作原理同手动分闸一样,只是导致合闸线圈失电的原因不同。这部分知识将在城市轨道交通车辆电气控制课程中详细介绍,这里不再赘述。

当主电路发生过流故障时,高速断路器的分闸不是依靠外电路控制合闸线圈失电而分闸,而是靠其自身的过流脱扣装置进行分闸动作。高速断路器的这套过流脱扣装置具有过流检测、判断及保护动作的全套功能。

当主电路正常工作时,流过高速断路器主触头的电流为正常值,过流脱扣装置电磁铁的电流也为正常值,因此其驱动装置不动作。如图8-17所示,当主电路发生过流故障时,主触头间电流超过最大电流设定值,从而使过流脱扣装置的电磁铁电磁力大于其动铁芯12的自重而将其推起,向上提升的铁芯将导致杠杆13的一端被抬起,而另一端下压,从而向下按压拨叉15,从而使动触头推杆14右移,导致动静主触头分离。其动作过程,如图8-17所示。

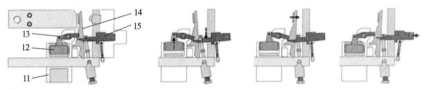

图 8-17 高速断路器过流脱扣保护的动作过程

11-过流脱扣装置静铁芯和线圈;12-过流脱扣装置动铁芯;13-杠杆;14-动触头推杆;15-拨叉

注:当主回路产生过电流之后,虽然主触头已分离,但拨叉仍旧保持在合闸位置。此时,需要给合闸线圈一个"分闸"命令,使得拨叉恢复到分闸位置。

### 四、UR6—32 型高速断路器的主要技术参数

UR6—32 型高速断路器的主要技术参数,如表8-5所示。

UR6—32 型高速断路器主要技术参数　　　　　表 8-5

| 项　目 | | 主要技术参数 | |
| --- | --- | --- | --- |
| 使用环境: | | | |
| | 周围空气温度 $T_{amb}$ | $-25 \sim +70°C$ | |
| | 湿度 | Class 5K2 | |
| | 海拔 $h$ | $\leqslant 1\,400\text{m}$ | |
| 主电路: | | | |
| | | UR6—31 | UR6—32 |
| | 额定工作电压 $U_e$ | 900V | 1 800V |
| | 最大工作电压 | 1 000V | 2 000V |
| | 分断过电压 | 2 100V | 4 000V |
| | 最大电弧电压 $\hat{U}_{arc}$ | $1.5 \sim 2.1 U_e$ | |
| | 额定绝缘电压 $U_i$ | 2 000V | |
| | 绝缘耐压试验电压 | 8kV ,50Hz ,1min | |

续上表

| 项　目 | 主要技术参数 |
|---|---|
| 额定工作电流 $I_e$ | 1 000A |
| 自然空气冷却情况下约定发热电流 $I_{th}$($T_{amb}$ = +40°C) | 1 000A |
| 直流瞬时过电流整定范围 | 1 200 ~ 2 400A |
| 分断时间 | 15ms |
| 机械寿命 | UR6 型高速直流断路器只在清洗和润滑保养操作下的机械寿命是 $5\times10^5$ 次开关(无电流),在 100 000 次开关之后,更换磨损的零件 |
| 辅助触头: | |
| 标称电压 $U_n$ | 24, 36, 48, 72, 87, 96, 110, 220VDC |
| 电源电压极限范围(-25°C < $T_{amb}$ < +40°C) | 0.7 ~ 1.25$U_n$ |
| 绝缘耐压试验电压 | 2kV,50Hz,1min |

## 五、UR6—32 型高速断路器的特性

如图 8-18 所示,高速断路器分闸过程包括动、静主触头的机械分断和电弧燃烧到熄灭两个过程。当主电路中的电流超过设定的最大脱扣电流值 $I_d$ 时,过流脱扣装置开始动作($t_1$ 时刻),经过 $t_1$ 的机械响应时间后动、静主触头分断($t_2$ 时刻)。在 $t_2$ 时刻以前,由于动静主触头处于接通状态,故它们之间的电压为 0V。随着动、静主触头的分断将产生大量电弧,经过初燃—剧烈燃烧—由于灭弧装置的作用而减弱—电弧熄灭 4 个过程,电流将由增大到减小,最后为零,电压将由零逐渐增大到最大电弧电压 $\hat{U}_{arc}$,再降为额定运行电压 $U_e$($t_3$ 时刻)。

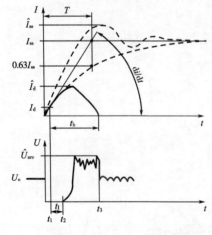

图 8-18　高速断路器的分段特性曲线

$I_{ss}$-预期持续短路电流;$\hat{I}_{ss}$-$I_{ss}$ 的峰值;$I_d$-设定的最大脱扣电流值;$\hat{I}_d$-切断电流;di/dt-初始电流上升率;T-回路时间常数;$U_e$-额定运行电压;$\hat{U}_{arc}$-最大电弧电压;$t_b$-总分断时间;$t_1$、$t_2$、$t_3$-机械响应时间

## 六、UR6—32 型高速断路器的检查与维护

下文主要介绍高速断路器的检查工作内容、零部件更换标准及安全注意事项。

1. 高速断路器的检查工作内容

(1)基本检查的内容(见表 8-6)。

高速断路器基本检查的内容　　　　表 8-6

| 检查项目 | 检查时间 |
|---|---|
| 主触头磨损测量引弧角检查清洁 | 每当下列任意条件发生时,便需要进行前面的检查项目:<br>(1)每 18 个月;<br>(2)或者 1 000 次的过载电流分断;<br>(3)或者 2 000 次正常情况下的带负载电流分断;<br>(4)或者 10 000 次不带负载分断 |

续上表

| 检查项目 | 检查时间 |
|---|---|
| 灭弧罩检查 | 推荐检查周期:每18个月;<br>强制性检查周期:当更换主触头时 |
| 机械部件检查 | 每当一次基本检查完成之后 |

(2)大检查的内容(见表8-7)。

高速断路器大检查的内容　　　　表8-7

| 检查项目 | 检查时间 |
|---|---|
| 执行基本检查 | 满足下列条件之一,便进行大检查:<br>(1)每36~48个月;<br>(2)或者20 000次不带负载分断 |
| 测量间隙 | |
| 润滑 | |

2. 高速断路器零部件的更换标准

高速断路器零部件的更换标准,如表8-8所示。

高速断路器零部件的更换标准　　　　表8-8

| 零部件名称 | 更换标准 |
|---|---|
| 动触头<br>静触头 | 当动、静触头尺寸磨耗达到15(0/+0.5)mm时 |
| 引弧角套件 | 当引弧角截面积达到其初始截面积($20 \times 3 mm^2$)的一半时 |
| 灭弧导向板(灭弧栅板) | 当材料沉淀物造成灭弧栅板之间没有缝隙时 |
| 驱动装置 | 每100 000次 |
| 驱动装置中的易耗件:<br>　合闸线圈组件<br>　动铁芯组件<br>　拨叉<br>　分闸缓冲器<br>　垫片等 | 每当下列条件之一先发生时:<br>(1)每5~7年;<br>(2)第100 000次 |
| 驱动装置中的其他部件 | 每200 000次 |
| 过电流脱扣器 | 每10 000次过电流分断 |

3. 高速断路器检修时的安全注意事项

(1)仔细阅读断路器上贴示的安全警告说明。

(2)断路器进行检查、维修和安装操作前,必须保证断路器电源的关闭和断路器的接地。

(3)受电弓必须降下。

(4)需要用到低压(直流)电源的部分控制装置,需依据安全操作规范进行操作。

(5)在高压回路失电和装置没有可靠接地前,禁止接触断路器。

(6)在进行安装、检查和维护时,保证手远离正在进行分/合闸操作的断路器运动部件。

(7)在没有资质人员的陪同下,不能进行断路器内部构件的维护等工作。

(8)出现损坏或故障的断路器应该从电路中隔离出去,以免造成误动作,直到专业人员对其进行修复。

## 第8.3节 司机控制器

司机控制器是用来操纵地铁车辆运行的主令控制器,是利用控制电路的低压电器间接控制主电路的电气设备。

我国城市轨道交通车辆大部分采用 A-B-C-C-B-A 的编组模式,在两辆 A 车的前端各有一个驾驶室。驾驶室内部设备布置情况,如图 8-19a)所示。在每个驾驶室内各有一台结构完全相同的司机控制器[图 8-21b)],以便双端操作。

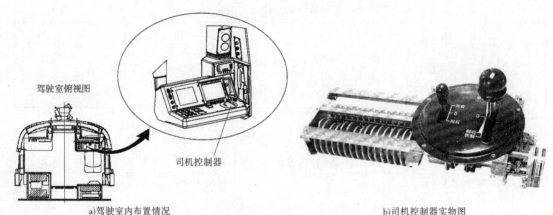

a)驾驶室内布置情况          b)司机控制器实物图

图 8-19 城市轨道交通车辆司机操作台上的司机控制器

目前,城市轨道交通车辆上所用司机控制器大部分由德国沙尔特宝公司提供。本节以沙尔特宝公司的 S355E 型司机控制器为例,详细介绍司机控制器的结构和工作原理。

### 一、S355E 型司机控制器的结构组成

S355E 型司机控制器属于凸轮和辅助触头配合实现触点开闭控制的有触点电器。该控制器由上、中、下三层组成(图 8-20 和图 8-21)。其上层(面板上)由钥匙开关 1、推拉式控制手柄 3、方向手柄 5、紧急制动按钮 4 和位置标牌等组成;中层由安装面板组成;下层主要由连锁机构、转轴凸轮机构、辅助触头盒、调速电位器和电连接器等组成。

控制手柄和方向手柄各配置一套转轴、凸轮和辅助触头装置,分别称它们为控制轴机构和方向轴机构。控制轴机构包括与控制手柄连接的控制轴 8 及安装在该轴上的控制凸轮 9、控制辅助触头组 10 等。方向轴机构包括与方向手柄连接的换向轴 6 及安装在该轴上的换向凸轮 7、换向辅助触头组 11 等。其中控制轴是一个实心细长轴,作内轴;换向轴是一根空心粗短轴,套在实心轴的外层,其配套凸轮分别套在两根轴上,手柄的转动便可带动相应的轴及凸轮转动,从而带动辅助触头开闭状态的变换。

### 二、S355E 型司机控制器的工作原理

#### 1. 控制功能及机械联锁关系

如图 8-22 所示,控制手柄有"牵引"区、"0"位、"制动"区、"快速制动"位 4 个区域,用于调节列车的速度。控制手柄在 0 位、牵引最大位、制动最大位、快速制动位有定位,在这些挡

位之间为无级调节。左侧为方向手柄,连接换向轴,用于控制车辆的运行方式及运行方向,共有"ATC""向前""0""向后"4个位置;这4个位置由机械联锁装置定位。钥匙开关有0、1两个位置,用于激活司机操纵台。

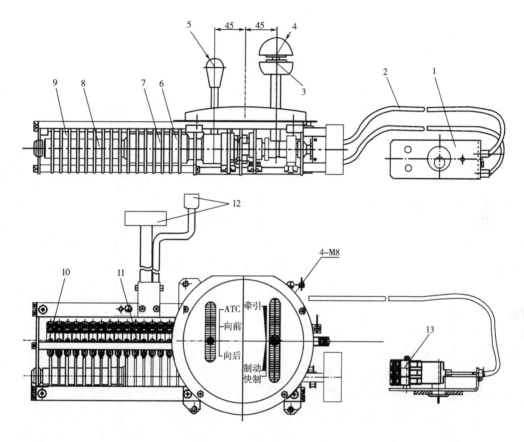

图8-20 司机控制器的结构(尺寸单位:mm)

1-钥匙开关;2-钢丝绳;3-控制手柄;4-警惕开关;5-方向手柄;6-换向轴;7-换向凸轮;8-控制轴;9-控制凸轮;10-控制辅助触头组;11-换向辅助触头组;12-电连接器;13-钥匙开关辅助触头组

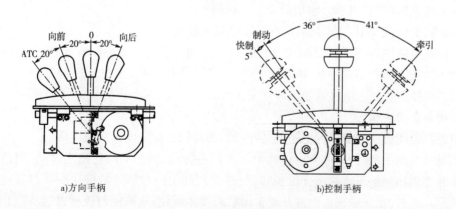

a) 方向手柄　　　　　b) 控制手柄

图8-21 司机控制器左视图和右视图

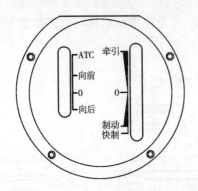
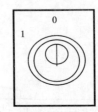

图 8-22 司机控制器手柄位置图

为了防止可能产生的误操作,确保列车设备及运行安全,司机控制器的控制手柄、换向手柄和机械锁之间有机械联锁。

在使用时,先由钥匙开关打开机械锁,才能对控制手柄和换向手柄进行操作。当操纵列车时,先将钥匙开关打到"1"位,再由方向手柄选定列车的行车方向,再操作控制手柄来控制列车的速度。在行车过程中,如需要改变列车的工况时,必须先将控制手柄放回"0"位后,才可进行方向手柄的操作。如果司机需要进行异端操作时,必须将本端司机控制器的控制手柄置"0"位,换向手柄置"0"位,钥匙开关回"0"位,锁闭机械锁,拔出钥匙,方可进行异端操作。在列车的惰行期间,如果方向手柄移动到其他位置,牵引控制单元中牵引指令将失效,将启动紧急制动。

S355E 型司机控制器的钥匙开关、控制手柄和方向手柄之间的联锁关系如下。

(1) 钥匙开关在"0"位时,控制手柄和方向手柄均锁定在"0"位不动;反之,只有控制手柄和方向手柄均在"0"位时,钥匙开关才可由"0"位打到"1"位。

(2) 钥匙开关在"1"位,控制手柄和方向手柄可进行操作,但控制手柄和方向手柄之间还存在以下互锁关系:

① 方向手柄在"0"位,控制手柄被锁定在"0"位不动。

② 方向手柄在"前"位时,控制手柄可在"牵引"和"制动"区域范围内活动。

③ 方向手柄在"后"位时,启用列车手动折返模式。

④ 方向手柄在"ATC"位时,启用列车自动驾驶模式。

⑤ 控制手柄在"牵引"区、"制动"区或"最大制动"位时,方向手柄不能进行位置转换,只有控制手柄在"0"时,方向手柄才可在"前"位、"后"位和"ATC"位之间转换。

上述机械联锁要求由机械联锁装置来实现。

2. 闭合表的实现

电逻辑即闭合表的要求由控制轴、换向轴、辅助触头盒及电连接来实现。

当推动控制手柄时,通过齿轮传动带动控制轴转动,轴上的凸轮随之转动;当凸轮的凸起位置转动到辅助触头盒的杠杆位置时,杠杆受到凸轮凸起部分的挤压而将与其连接的动触头顶开。此时,使该触头盒的常开或常闭状态发生变化,从而使与该辅助触头盒相连接的控制线路得失电的状态发生变化;反之,当凸轮转到无凸起的地方时,由于触头盒自身恢复弹簧的作用,辅助触头盒的触点复原,从而使与该辅助触头盒相连接的控制线路得失电的状态恢复原样。

基于此原理,可根据电路原理图上司机控制器各控制线路得失电情况,在控制轴和换向轴上布置相应的凸轮凸起部分。如图8-23所示为某车型的司机控制器方向轴的闭合表。该图中ATC、F、0、R为方向手柄的4个位置,$S_{10} \sim S_{16}$为受方向轴凸轮控制的7个辅助触头,辅助触头下的长条块表示凸轮的凸起位置。由图8-23可知,手柄在"ATC"位时,将使$S_{10}$、$S_{11}$、$S_{12}$、$S_{15}$、$S_{16}$辅助触头状态发生变化;当手柄在"F"位时,将使$S_{10}$、$S_{11}$、$S_{12}$、$S_{15}$辅助触头状态发生变化;当手柄在"R"位时,将使$S_{10}$、$S_{11}$、$S_{13}$、$S_{14}$辅助触头状态发生变化。

3. 电位器的调节

控制手柄的调速,主要是通过调节电位器电阻的大小来实现的。其工作原理,参见图8-24。其中的电阻$R$代表的是"牵引"区域或"制动"区域的单边电阻,两边的结构以"0"位为中心对称。

两个电位器的公共端接地,另一端经限流电阻接+15V直流电源,滑动端随控制手柄转动而移动,从而改变滑动端和15V电源端之间的电压,如图8-24所示。这三点电位信号由X2-2、X2-3、X2-5输出到控制主机;控制主机根据这一电压信号判断控制手柄的级位设定值。

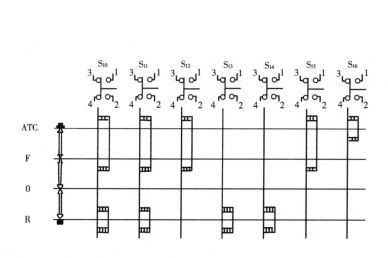

图8-23 S355E型司机控制器方向手柄闭合表

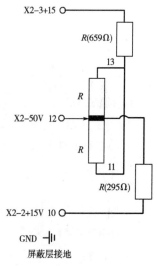

图8-24 调速电位器的原理

## 三、S355E型司机控制器的主要技术参数

1. 触头S826a/L额定电压

(1) 额定电压($U_e$):DC110V。

(2) 约定发热电流($I_{th}$):DC10A。

(3) 额定电流($I_e$):DC1.0A。

(4)触头特点:

①接点为速动型。

②密封式结构。

③接点具有自净功能,可提高用作计算机信号时的可靠性。

2. 电位器特性

(1)输出电位器型号为:FSG PW 70。

(2)独立线性度:1.0%。

(3)输出平滑性:≤0.1%。

(4)绝缘电压:500VAC,50Hz。

(5)工作温度范围:-55~+80℃。

(6)额定功耗:6W(25℃)。

(7)电位器输出值:

①输入电压:15VDC。

②0 位:3VDC±0.1VDC。

③牵引最大位:8.3VDC±0.15VDC。

④制动最大位:8VDC±0.1VDC。

⑤快速制动:8.3VDC±0.15VDC。

3. 手柄操作力

(1)调速手柄操作力:不大于35N。

(2)换向手柄操作力:不大于25N。

注:调速手柄从制动最大位转到"快制"位时手柄操作力为40N±10N。

4. 防护等级(污染等级3)

(1)整机:IP00。

(2)触头 S826a/L:IP00(接线部分);IP40(触点部分)。

5. 寿命

(1)机械寿命>$1\times10^{6}$。

(2)电寿命>$1\times10^{5}$。

6. 质量

质量约10kg。

### 四、S355E 型司机控制器的检修与维护

S355E 型司机控制器的检修与维护,主要有以下工作内容:

(1)司机控制器的铭牌及标识符号应齐全、完整、清晰、正确。

(2)司机控制器各部件应清扫干净,绝缘性能良好,对外连接插座连接正确,零部件齐全、完整。

(3)各紧固件齐全,紧固状态良好。

(4)控制手柄在各个挡位之间应转动灵活,无机械卡阻;相邻两挡位之间不应出现停滞

现象。

(5)换向手柄在各个挡位之间应转动灵活,无机械卡阻;相邻两挡位之间不应出现停滞现象。

(6)当换向手柄在"0"位时,控制手柄被锁定。当换向手柄在"向后"或者"向前"位置时,控制手柄可以在"牵引""制动""最大速度""快速制动"位移动。

(7)当换向手柄在"0"位时,机械锁应转动灵活。机械锁在锁定位置的时候钥匙方可拔出。

(8)司机控制器的闭合表和对外连接线应符合规定。

(9)在司机控制器的各个转动部位加注6号汽油机油(GB 485—72),在机械联锁处加润滑脂。在刚拉线和对外接线处加汽油和机械油。

(10)司机控制器的绝缘应符合以下要求:

①相互绝缘的带电部分之间及对地的绝缘电阻不小于10MΩ(用500V兆欧表)。

②检修后应进行绝缘介电强度试验。司机控制器电位器回路带电部分对地施以50Hz、500V的正弦波交流电1min,应无击穿、闪络现象。司机控制器的其余带电部分对地及相互间施以50Hz、1 100V的正弦波交流电1min,应无击穿、闪络现象。

(11)司机控制器触头的检修应符合以下要求:

①司机控制器日常检修时,应注意检查触头内部及滚轮架(包括滚轮滚动)的动作是否灵活可靠。否则,应在触头滚轮轴芯及滚轮架轴芯部分加少许稀6号汽油机油(GB 485—72),以增加触头动作的灵活性。

②本司机控制器使用的触头 S826a/L、S826c/L、S826e/L 为自净式速动开关元件,均为免维修型。如确有严重烧损和动作不灵活者,应更换该触头。更换时,注意触头型号和触头滚轮的安装方向。

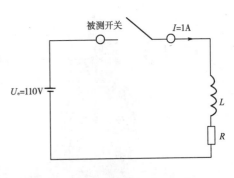

图8-25 清除触头表面氧化膜电路图

③应定期检测触头 S826a/L 的接触电阻,采用低电阻测试仪(如固纬GOM—801G)测量,测量电流不小于1A。触头的接触电阻应小于500mΩ,如果接触电阻较大,可按图8-25电路接线,分断1A左右时间常数 $\tau$ 为 20~50ms 的感性电流负载,用分断弧光清除表面氧化膜,减小接触电阻。

若是由于机械原因造成的故障,需要对司机控制器进行拆卸时,请注意以下几点。

①控制侧和换向侧的弹片组件安装的倾斜程度,可通过调整控制手柄和换向手柄的操作力大小来完成,在保证司机控制器动作可靠的情况下,两手柄操纵应轻便、灵活。

②控制侧和换向侧的凸轮是产品出厂前整定好的组件,在拆装时请不要随意拆开。

③为了保证司机控制器对外的连接无误,在检修、拆装时,应注意司机控制器对外连接,即司机控制器内部为:46 孔插座,HAN 46EE;3 孔插座,HAN 3HPR。

(12)由于司机控制器的控制凸轮组件和换向凸轮组件有机械联锁关系,在拆装时,应注意做好标记,必须按照闭合表进行。

## 第8.4节 第三轨受流器

第三轨受流器(以下简称受流器)又称集电靴,用于采用第三轨接触受流方式的城轨车辆上,一般安装于车辆第1、4、6、7、9、12轴位转向架(具体布置方案需根据断电区确定)。早期城市轨道交通车辆多采用DC750V受流器;近年来,随着供电技术的完善,在很多城市轨道交通车辆上,都采用了DC1 500V受流器。

下文以广州地铁14/21号线城市轨道交通车辆所用受流器为例,详细介绍第三轨受流器的结构、工作原理、技术参数等内容。

### 一、第三轨受流器的结构组成

广州地铁14/21号线城市轨道交通车辆采用受流器体与熔断器箱分体式结构;受流器设有机械止挡,靴臂具有绝缘性能,采用锯齿调节板进行受流器的高度调节。

该受流器具有在故障时脱离第三轨的功能,每列车每个驾驶室配备一套受流器起复装置,并具有在车上抬起及恢复的功能。

司机可以集中控制受流器升/降。每个受流器配备一套人工升靴、落靴装置;每列车配备两套车下操作手柄以及两套在客室内操作的绝缘人工落靴棒。

广州地铁14/21号线城市轨道交通车辆采用的受流器的结构,如图8-26所示。

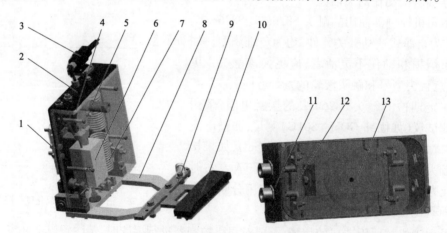

图8-26 第三轨受流器及熔断器三维效果图

1-背板;2-基板;3-信号开关;4-小气缸;5-锁结构;6-大气缸;7-弹簧;8-绝缘板;9-滑板托架;10-浸金属滑块;11-熔断器箱;12-支架;13-熔断器

受流器的主要组成部件,包括集电靴、摆臂、机械止挡、高度调节装置、弹簧装置、紧固件等部件;熔断器箱,主要由熔断器座、熔断器盖、熔断器和支架组成。其细节,如图8-27所示。

### 二、第三轨受流器的工作原理

受流器基本原理为铰链机构,由摆臂组装、底架组装和弹簧组成。摆臂一端围绕转轴进行转动,另一端与第三轨接触,通过弹簧提供与第三轨作用力。其总体结构原理,如图 8-28 所示。

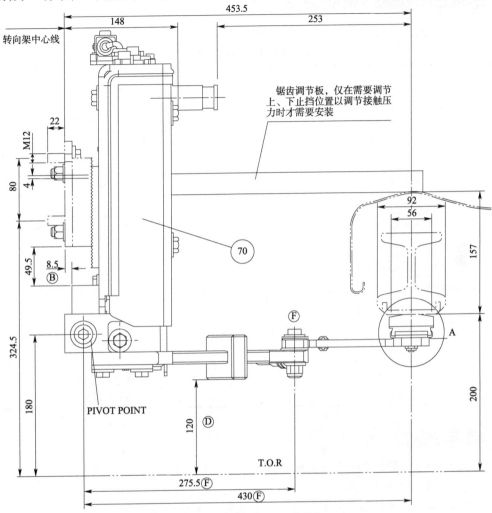

图 8-27 受流器结构示意图(尺寸单位:mm)

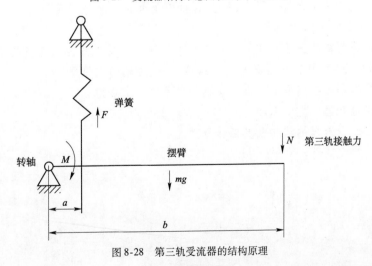

图 8-28 第三轨受流器的结构原理

## 三、第三轨受流器与熔断器的主要技术参数

第三轨受流器与熔断器的主要技术参数,如表 8-9 所示。

表 8-9 第三轨受流器与熔断器的主要技术参数

| 受流器的主要技术参数 | |
| --- | --- |
| 额定电压 | 1 500VDC |
| 电压范围 | 1 000VDC ~ 1 800VDC |
| 标准静接触压力 | 130 ± 10N(暂定) |
| 额定电流 | 1 000A(暂定) |
| 集电靴工作高度 | 200mm ± 5mm |
| 集电靴落下后工作高度(距轨面高度) | 待定 |
| 集电靴升起后距轨面高度 | 待定 |
| 集电靴材料 | 待定 |
| 设备总质量(受流器+熔断器) | ≤50kg(暂定) |
| 集电靴耐磨性能(在额定压力范围使用寿命) | ≥25 万 km(暂定,具体设计联络阶段确定) |
| 整体设备寿命 | ≥30 年 |
| 熔断器的主要技术参数 | |
| 额定电压 | 1 500VDC |
| 电压范围 | 1 000VDC ~ 1 800VDC |
| 额定电流 | 1 000A(待定) |

**复习与思考**

1. 从功能上看,受电弓相当于家用电器的插头,但它们的使用情况却有很大的区别,请列举受电弓使用条件的特殊性。
2. 简述 TSG18D 型受电弓的结构及各主要部件的作用。
3. 仔细观察受电弓在升降过程中,弓头的轨迹是怎样的?弓头为什么会按照这样的轨迹运动?
4. 受电弓动作所需的压缩空气如何获取?请绘制一张受电弓控制气路图。
5. 简述 UR6—32 型高速断路器的主要结构及分、合闸动作原理。
6. 简述司机控制器控制手柄和方向手柄的位置及互锁关系。
7. 简述司机控制器的控制原理。
8. 简述第三轨受流器的结构及其工作原理。

# 第9章 其他电器

**教学目标**

1. 掌握接触器、继电器的基本结构、动作原理及选用方法。
2. 掌握互感器、传感器的基本工作原理。
3. 了解低压断路器、避雷器、蓄电池的工作原理和作用。
4. 了解各种电器的技术参数。

**建议学时**

14学时

其他电器,主要包括接触器、继电器、低压断路器、传感器、蓄电池、万能转换开关等。本章主要介绍各个电器的作用、技术参数、基本结构、动作原理、使用注意事项、维护与保养等内容。

## 第9.1节 接 触 器

### 一、接触器的用途、特点、组成及分类

1. 接触器的用途和基本特点

接触器在工业控制中应用非常广泛,是用来接通或切断带有负载的主电路或大容量控制电路的自动切换电器。在城市轨道交通车辆上用于频繁地接通或切断正常工作情况的主电路和辅助电路。与其他开关电器相比,它具有如下特点:

(1) 动作次数频繁,每小时开闭次数可达150~1 500次。
(2) 能通、断较大电流。一般情况只开断正常额定电流,而不能开断短路或故障电流。
(3) 可以实现一定距离的控制。

2. 接触器的组成

接触器的结构种类很多,但对于任何一种接触器来说,一般均由以下几部分组成。

(1) 传动装置。它包括驱使触头闭合的装置和开断触头的弹簧机构以及缓冲装置。它用来可靠地驱使触头按规定要求动作,完成接触器本身的职能。

(2) 触头装置。它一般由主触头和联锁触头两部分组成。

主触头由动、静主触头和触头弹簧支持件等组成。它是接触器的执行部分,用于直接实现电路的通、断。通常主触头接通和分断电路的额定电流比较大,一般为数安到数百安,甚至可能高达数千安。

联锁触头(又称辅助触头),通常由两对以上常开联锁触头和两对以上常闭联锁触头组

成,用于控制其他电器、信号或电气联锁等。它接通和分断的一般为控制电路,额定电流较小,只有5~10A。

常开联锁触头指接触器的吸引线圈失电时处于断开状态的触头;与此相反,常闭联锁触头指接触器吸引线圈失电时处于闭合状态的触头。

联锁触头与主触头是联动的,在接触顺序上要求:主触头闭合前常开联锁触头应提前闭合,常闭联锁触头应滞后分断;主触头分断时常开联锁触头应同时或提前分断,常闭联锁触头应同时或稍滞后闭合。

联锁触头与灭弧系统通常在产品上要分开安装,以防电弧对联锁触头的危害。

（3）灭弧装置。它一般与主触头配合使用,主要用于熄灭主触头开断电路时产生的电弧,减少电弧对触头的破坏作用,保证触头可靠地工作。根据电流的性质、灭弧方法和原理,可以制成多种灭弧装置。

（4）支架和固定装置。它属于非工作部分,用于合理地安装和布置电器各部件,使接触器构成一个整体。支架和固定装置应有足够的机械强度,并能对内部部件起到保护作用,保证接触器达到一定的寿命。

3. 接触器的分类

接触器的用途很广,种类繁多,一般有以下几种分类方法。

（1）按传动方式分

接触器按传动方式分,主要有电磁接触器和电空接触器。电磁接触器采用电磁传动装置;电空接触器采用电空传动装置。电磁接触器通常又分为直流、交流和交直流3种类型。

（2）按通断电流的种类分

接触器按通断电流的种类分,可分为交流接触器和直流接触器。这里指的是主触头通、断电流的性质,它与传动方式无关,如主触头通、断的是交流电,则不管它采用的是直流电磁机构传动、交流电磁机构传动还是电空传动,都称为交流接触器。

（3）按主触头所处的介质分

接触器按主触头所处的介质分,可分为空气式接触器、真空式接触器和油浸式接触器。空气式接触器的主触头敞在大气中,采用的是一般的、常用的灭弧装置;真空式接触器的主触头密封在真空装置中,它利用的是真空灭弧原理,具有很高的切换能力。

（4）按接触器同一传动机构所传动的主触头数目分

按接触器同一传动机构所传动的主触头数目分,可分为单极接触器和多极接触器。单极接触器只有一对主触头;多极接触器有两对以上的主触头,它们分别用于控制单相和多相电路。

## 二、几种广泛应用的接触器

在城市轨道交通车辆中,交、直流电磁接触器都有广泛的应用,下面将对直流电磁接触器、交流电磁接触器以及3RT系列接触器进行详细介绍。

### （一）直流电磁接触器

下文以CZ—22型直流电磁接触器为例,介绍直流电磁接触器的结构组成以及工作原理等内容。

1. 型号及含义

C——接触器。

Z——直流。

5——设计序号。

22——派生代号。

10/22——分子第一位和第二位分别表示常开和常闭主触头数;分母第一位和第二位分别表示常开和常闭联锁触头数。

2. 结构

该型接触器结构,如图9-1所示。

接触器主要由触头装置、灭弧装置和传动装置等组成。

(1)触头装置:是由单相主触头和2常开、2常闭联锁触头组成。主静触头为铜质T形结构,与弧角一起装在支架上;主动触头为铜质指形结构,直接装于衔铁上。动联锁触头为指形结构,也装于衔铁上,静联锁触头为半球形,装于螺杆上,为提高触头寿命,在联锁触头的紫铜块上镶有耐弧材料银氧化镉片。另外,动主、辅触头上都有触头弹簧,以防止触头闭合时产生有害振动。

(2)灭弧装置:是一种带有灭弧罩的磁吹灭弧装置,只设在主触头上。磁吹线圈与主触头串联,当主触头在打开过程中产生电弧时,电弧受到磁吹线圈产生的电动力而被拉向灭弧罩,使电弧拉长冷却而熄灭。

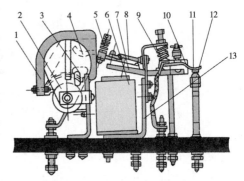

图9-1 CZ5-22-10/22型接触器
1-灭弧罩;2-吹弧线圈;3-主静触头;4-主动触头;5-触头弹簧;6-吸引线圈;7-衔铁;8-软连接;9-反力弹簧;10-绝缘基座;11-动联锁触头;12-静联锁触头;13-磁轭

(3)传动装置:是由直流拍合式电磁铁组成的,改变反力弹簧和工作气隙,可改变其动作值。为了防止剩磁将衔铁黏住,在衔铁的磁极端面处装有 0.1~0.2mm 厚的紫铜片,称非磁性垫片。在铁芯的磁极端面处一般还加装有极靴,改善吸力特性,使直流接触器的吸力特性平坦,减少吸合时的冲击。

3. 作用原理

当吸引线圈未通电时,衔铁在反力弹簧作用下打开,其常开触头打开,常闭触头闭合;当吸引线圈得电时,铁芯与衔铁间产生吸力将衔铁吸合,使常开触头闭合,常闭触头打开。

(二)交流电磁接触器

下文以6C系列三相交流接触器为例,介绍交流电磁接触器的结构组成及工作原理等方面的内容。

1. 型号及含义

如6C110型、6C180型,其含义如下:

6——序号。

C——接触器。

110、180——主触头额定电流(A)。

2. 结构

6C 系列三相交流接触器的结构基本相同。其外形及结构,如图 9-2 所示。

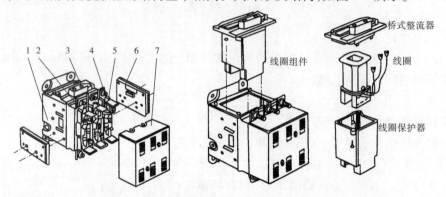

图 9-2　6C 系列三相接触器外形及线圈组件示意图
1-底座;2-静触头;3-桥式整流器;4-接线柱;5-动触头;6-辅助触头;7-灭弧罩

6C 系列三相交流接触器,主要由触头装置、传动装置和灭弧装置等组成。

(1)触头装置:主触头采用常开直动式桥式双断点触头。

(2)传动装置:磁系统为单 E 形直动式,具有较陡的吸力特性,控制线圈由起动线圈和保持线圈并联组成,并串加一个桥式整流器,使控制电源为交、直流两用,整流器输入、输出端都加有压敏电阻进行过电压保护。控制线圈通电后,起动线圈和保持线圈同时工作,在接触器快吸合时,起动线圈断开,只有保持线圈工作。起动线圈的分断由接触器自身一常闭联锁触头完成。

(3)灭弧装置:灭弧罩采用高强度耐弧塑料制成,罩内设有割弧栅片,利用短弧灭弧原理加强灭弧能力。

6C180 接触器的灭弧室与触头支持件之间设有机械联锁装置,当灭弧罩取下后,其联锁装置会将触头支持件锁住。此时,即使有人操作,触头系统也不会动作,能可靠保证维修人员的安全。在控制线圈引线边有一红色指示器,指示接触器的闭合或断开。

3. 工作原理

6C 系列三相交流接触器的工作原理,类似于电磁铁的工作原理。

4. 技术参数及特点

交流接触器的主要技术参数,见表 9-1。

**6C110、6C180 型交流接触器主要技术参数表**　　表 9-1

| 型　号 | | | 6C110 | 6C180 |
|---|---|---|---|---|
| 主触头 | 额定绝缘电压(V) | | 1 000 | 1 000 |
| | 运行电流频率(Hz) | | 25~400 | 25~400 |
| | 运行电流 | Jd(A) | 160 | 260 |
| | | AC3(415F)(A) | 110 | 180 |
| | 接通能力(均方根值) | | 1 100 | 1 800 |
| | 分断能力(≤440V) | | 1 300 | 1 800 |

续上表

| 型号 | | | 6C110 | 6C180 |
|---|---|---|---|---|
| 辅助触头 | 型号 | | 6CA21R | |
| | 约定发热电流 $I_{th}$(A) | | 15 | |
| | 额定绝缘电压(V) | | 660 | |
| | 运行电流(A) | | 16.5(DV24V),15(DC110V) | |
| 控制线圈 | 型号 | | 6CC180/415 | |
| | 控制电源 | | 交流或直流 | |
| | 额定电压(V) | | 110 | |
| | 电阻 | 闭合(Ω) | 46 | |
| | | 吸持(Ω) | 1 240 | |
| 机械寿命(百万次) | | | 10 | 10 |
| 电器寿命(百万次) | | | 1.2 | 1.2 |
| 最大操作频率(次/h) | | | 2 400 | 2 400 |

### (三)3RT 系列接触器

3RT 系列接触器是西门子 Sirius 系列产品之一(见图 9-3)。Sirius 系列是西门子公司研制的控制和保护类系列产品,包括接触器、热过载继电器、电动机保护断路器和中间继电器等全系列的控制和保护产品。所有产品采用模块化设计,7 个尺寸规格(S00、S0、S1、S2、S3、S6、S10、S12)涵盖 250kW 的功率范围,为电动机等负载的控制与保护提供安全、可靠的系统化配置与应用方案。

3RT 系列接触器适合在控制电压变化较大或环境温度较高的装置中使用。例如,恶劣气候条件下的铁路以及轧钢厂中的应用,满足 IEC 60947－4－1、EN 60947－4－1(VDE 0660,Part 102)、IEC 60077－1 和 IEC 60077－2 等国际标准的要求。

图 9-3　西门子 Sirius 系列产品实物图

目前,西门子 3RT 系列接触器包括以下 4 种型号,如表 9-2 所示。

表 9-2　3RT 系列接触器的 4 种型号

| 类型 | 产地 | 规格 | 额定工作电流 $I_e$<br>(AC－3) | 电机额定功率 P<br>(AC－3 400V) | 图示 |
|---|---|---|---|---|---|
| 3RT1 | 德国 | S00－S12 | 7－500A | 3－250kW | S0 规格 |
| 3RT2 | 德国 | S00、S0 | 7－38A | 3－18.5kW | S0 规格 |

续上表

| 类型 | 产地 | 规格 | 额定工作电流 $I_e$ （AC-3） | 电机额定功率 $P$ （AC-3 400V） | 图　示 |
|---|---|---|---|---|---|
| 3RT5 | 中国 | S2-S12 | 32~500A | 15~250kW | S2 规格 |
| 3RT6 | 中国 | S00、S0 | 7~38A | 3~18.5kW | S00 规格 |

**1. 3RT1 型接触器模块的构成**

为提高可靠的控制和保护功能，西门子接触器都采用模块化设计，图 9-4 为 3RT1 型接触器模块即接触器、耦合继电器及其附属配件的搭配图。

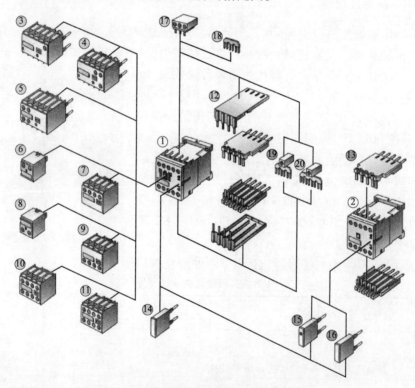

图 9-4　3RT1 型接触器模块组成图

①接触器；②耦合继电器；③常开延时触点；④常闭延时触点；⑤带常开或常闭延时触点或星-三角启动功能的辅助触点模块；⑥单极辅助触点模块（前进线式）；⑦双极辅助触点模块（前进线式）（1NO+1NC）；⑧单极辅助触点模块（后进线式）；⑨双极辅助触点模块（后进线式）（1NO+1NC）；⑩4 极辅助触点模块（2NO+2NC）；⑪标准化或兼容性设计双极辅助触点；⑫4 极辅助触点的焊锡针；⑬接触器或耦合继电器的焊锡针；⑭附加负载模块（提高允许残留电流）；⑮带 LED 显示的过压模块；⑯不带 LED 显示的过压模块；⑰三相馈电端子；⑱并联联结器，3 极，无端子；⑲并联联结器，3 极，有端子；⑳并联联结器，4 极，有端子；⑬、⑮、⑯、⑲与接触器和继电器相关的；③~⑫、⑭、⑰、⑱、⑳与接触器相关的

### 2. 3RT 辅助触点的类型

西门子 3RT 系列接触器产品辅助触点全部采用双断点结构设计,接通可靠性极高,最小接通能力可达 17V、1mA。双断点辅助触点的结构,如图 9-5 所示;其与单断点的比较,见图 9-6。

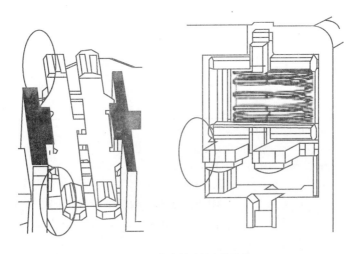

图 9-5 双断点辅助触点的结构

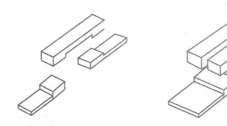

图 9-6 双断点和单断点的比较

假设单断点故障率:$H_F = 10^{-4}$,则理想情况下双断点故障率:$H_F = 10^{-4} \times 10^{-4} = 10^{-8}$ 同时,3RT 系列接触器的辅助触点为镜像触点,在 3RT 常开主触点全部断开前,常闭的辅助触点不可闭合。这样的设计符合安全应用标准,可以防止部分触点发生粘连时接触器辅助触点开合状态控制信号的错误传递。

3RT10/3RT50 系列交流接触器最多可带的辅助触点数量,见表 9-3。

表 9-3 3RT10/3RT50 系列交流接触器辅助触点配置表

| 规格 | S00 | S0 | S2 | S3 | S6 | S10 | S12 |
|---|---|---|---|---|---|---|---|
| 型号 | 3RT101 | 3RT102 | 3RT103/3RT503 | 3RT104/3RT504 | 3RT105/3RT505 | 3RT106/3RT506 | 3RT107/3RT507 |
| 本体自带辅助触头数量(对) | 1 | 0 | 0 | 0 | 0 | 0 | 0 |
| 可前装辅助触头数量(对) | 4 | 4 | 4 | 4 | 4 | 4 | 4 |

续上表

| 规格 | S00 | S0 | S2 | S3 | S6 | S10 | S12 |
|---|---|---|---|---|---|---|---|
| 可侧装辅助触头数量（组） | 无 | 左侧:1<br>右侧:1 | 左侧:1<br>右侧:1 | 左侧:2<br>右侧:2 | 左侧:2<br>右侧:2 | 左侧:2<br>右侧:2 | 左侧:2<br>右侧:2 |
| 最多可带辅助触头数量（对） | 5 | 4 | 4 | 8 | 8 | 8 | 8 |

注：①辅助触点一对为 1 常开或 1 常闭；一组为 1 常开加 1 常闭。
②S00 规格交流接触器自带一对常开或常闭辅助触点。
③S00～S12 规格交流接触器，常闭触点数量不可超过 4 对。

3. 安装方式

3RT10 系列接触器所有规格均可以直接进行垂直安装，S00－S3 规格有垂直和水平两种安装方式，如图 9-7 所示。

4. 固定方式

不同规格的产品，其安装方式不同，如 3RT10 系列 S00 规格，则可采用导轨安装（35MM），也可采用底板安装。其安装方式，如图 9-8 所示。

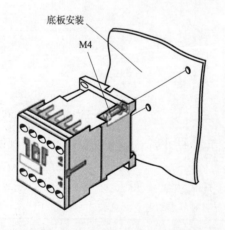

图 9-7　接触器的两种安装方式

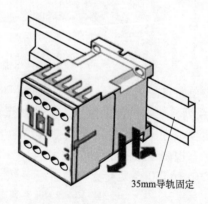

图 9-8　安装方式示意图

## 三、电磁接触器的选用、常见故障处理及日常维护

### （一）电磁接触器的选用

接触器是现代工矿企业电力拖动和自动控制系统中使用量最大的一种电器。由于接触

器的可靠性及其使用寿命与使用的电压、电流、控制功率、操作频率的大小密切相关,所以,随着使用场合及控制对象的不同,其操作条件和工作的繁重程度也有很大差异。因此,选用时不能只按铭牌数据,而应比较全面地了解被控对象的工作情况和接触器的使用类别及产品性能,才能正确地选用相应品种和规格的接触器,以保证接触器在控制系统中长期可靠运行,充分发挥其经济技术效益。

1. 选用接触器时主要考虑的因素

(1) 切换能力

切换能力,又称开闭能力、通断能力。它是指接触器的主触头在规定条件下能可靠地接通和分断的电流值。在此电流值下接通和分断负载时,不应发生熔焊、飞弧和过分磨损等现象。保证接触器能在较差的条件下可靠地工作。

接触器的主触头虽然不要求开断短路电流,但它还是有可能在大于额定电流的情况下接通或切断负载电路的,此时触头可能引起严重烧损,甚至发生熔焊等故障。因此,必须规定接触器在一定的条件下接通和切断高于额定电流和电压的具体指标,也就是说必须规定它的切换能力。

(2) 动作值和释放值

动作值和释放值,是指接触器的动作电压(或电流、气压等)和释放电压(或电流、气压等)。电磁式接触器的动作电压应不低于线圈额定电压的80%;释放电压要有较低的上限值(不高于线圈额定电压70%)和较高的下限值(交流接触器不低于线圈额定电压20%,直流接触器不低于线圈额定电压5%)。

(3) 操作频率

操作频率,是指接触器在每小时内允许操作的次数。接触器的操作频率越高,每小时开闭的次数就越多,触头及灭弧室的工作任务也就越重;对交流接触器来说,线圈受到的冲击电流及衔铁铁芯受到的冲击次数也就越多。

操作频率直接影响接触器的电气寿命和灭弧室的工作条件,对于交流接触器还影响线圈的温升,所以,这是一个重要的技术指标。目前,常用的接触器操作频率有每小时150次、300次、600次和1 200次等几种规格。

(4) 机械寿命和电气寿命

机械寿命,指的是接触器在无负载操作下无零部件损坏的极限动作次数。电气寿命,指的是接触器在规定的操作条件下(带负载操作),且无零部件损坏的极限动作次数。由于接触器的操作频率较高,为了保证一定的使用年限,应有较长的机械寿命和电气寿命。目前,接触器的机械寿命一般可达数百万次以至一千万次以上,而电气寿命则按不同的使用类别和不同的机械寿命级别有一定的百分比,一般为机械寿命的5%~20%。

(5) 动作时间、释放时间

动作时间(又称闭合时间),是指从电磁铁吸引线圈通电瞬时起到衔铁完全吸合所需要的时间;释放时间(又称开断时间),是指从电磁铁吸引线圈断电瞬时起到衔铁完全打开所需要的时间。为了对有关电路能准确可靠地进行控制,对接触器的动作时间也有一定的要求。如:直流接触器的闭合时间一般为0.04~0.11s,开断时间为0.07~0.12s,交流接触器的闭合时间一般为0.05~0.1s,而开断时间为0.1~0.4s。

(6) 控制电压要求

电磁接触器应满足在85%额定控制电压下能保证接触器正常工作。

另外,在选择接触器时还应考虑工作制的要求。

### 2. 选用接触器时一般应遵守的原则

(1) 按一般任务选用

所谓一般任务使用条件,是指接触器只需要在额定电压下接通或分断较小倍率的额定电流,其操作频率不高,只伴有少量点动,而且所控制的电动机是直接起动,满速运行下开断电源。这种任务在作用中所占有的比例很大。

接触器在该使用条件下操作时,其触头磨损较轻,寿命较长。所以,选配接触器时,只要选择额定电压和额定电流等于或大于电动机的额定电压和额定电流的接触器即可。

(2) 按重任务选用

所谓重任务使用条件,是指接触器需要接通或分断较额定电流大很多倍的电流,并频繁运行于点动、反接制动、反向和在低速时断开的使用条件。

接触器在该使用条件下操作,其触头会发生严重的电磨损。所以,必须选用适应重任务工作的接触器才能满足其要求。

(3) 按降容量选用

降容量选用一般有两种情况:第一种是操作频率高,工作相当繁重,可靠性要求很高的场合,可以适当地选用大"马"来拉小"车",以延长使用寿命,提高可靠性;第二种是按轻任务使用类别设计的接触器用于繁重任务使用类别时,也应降容量使用。

在接触器的选用中,原则上要以可靠性为前提,因为运行中的安全可靠包含着经济因素。而经济性则要根据使用条件、设备的设计要求,以及用户的重要程度诸多因素来综合考虑,只有兼顾才能做到合理,主要应根据实际情况而定。

### (二) 接触器的常见故障处理

电磁接触器在使用过程中发生的常见故障、原因分析及处理方法,见表9-4。

接触器常见故障的产生原因和处理方法　　　　表9-4

| 序号 | 故障现象 | 产生原因 | 处理方法 |
| --- | --- | --- | --- |
| 1 | 接触器开合不灵 | ①机械可动部分被卡住<br>②摩擦力过大<br>③气隙中有阻塞<br>④磁极表面积尘太厚<br>⑤电空接触器漏风或风压不足 | 排除相应障碍即可 |
| 2 | 通电后不能完全闭合 | ①电源电压低于线圈额定电压<br>②触头弹簧与反力弹簧压力过大<br>③触头超程过大 | ①调整电源电压或更换线圈<br>②调整或更换弹簧<br>③调整触头超程 |
| 3 | 接触器关合过猛或线圈过热冒烟 | 电源电压过高 | 调整电源电压或更换线圈 |

续上表

| 序号 | 故障现象 | 产生原因 | 处理方法 |
|---|---|---|---|
| 4 | 断电后不释放 | ①反作用力太小 | ①调节或更换反力弹簧 |
| | | ②剩磁过大 | ②对直流接触器应加厚或更换新非磁性垫片;对交流接触器应将去磁气隙处的极面锉去一部分或更换新磁系统 |
| | | ③触头熔焊 | ③撬开已熔焊的触头,或酌情更换新触头 |
| | | ④铁芯极面有油污或尘埃黏着 | ④清理磁极表面 |
| 5 | 铁芯噪声过大或发生振动 | ①电源电压过低 | ①调节电源电压 |
| | | ②铁芯极面有脏污或锈层,或因过度磨损而不平 | ②清理极面,必要时可刮削修整或更换铁芯 |
| | | ③分磁环断裂 | ③焊接或更换分磁环 |
| | | ④磁系统歪斜或机械上卡住而使铁芯吸不住 | ④排除机械卡住故障,更正工作位置 |
| | | ⑤反作用力过大 | ⑤调节或更换弹簧 |
| 6 | 线圈过热或烧损 | ①电源电压过高或过低 | ①调整电源电压或更换线圈 |
| | | ②线圈的通电持续率与实际情况不符 | ②更换与通电持续率相符的线圈 |
| | | ③交流线圈操作频率过高 | ③降低操作频率或更换线圈 |
| | | ④交流电磁铁可动部分卡住,铁芯极面不平或去磁气隙过大 | ④排除卡住现象,清除极面或调整铁芯 |
| | | ⑤线圈匝间短路 | ⑤更换线圈 |
| | | ⑥空气潮湿,含有腐蚀性气体或环境温度过高 | ⑥用特殊设计的线圈 |
| | | ⑦交流电磁铁采用直流双线圈控制时,因常闭联锁触头熔焊而使起动线圈长期通电 | ⑦更换联锁触头,排除致使该触头熔焊的故障 |
| 7 | 接触器不闭合或正常情况下突然断开 | ①线圈引出线断裂 | ①焊好后可靠绝缘 |
| | | ②线圈内部断线 | ②更换线圈 |
| 8 | 触头严重发热或熔焊 | ①操作频率过高或负载电流过大 | ①更换接触器 |
| | | ②触头表面高低不平,生锈,积有尘埃或铜触头严重氧化 | ②清理接触面 |
| | | ③超程过小或行程过大 | ③调整参数或更换触头 |
| | | ④接触压力不足 | ④调整或更换弹簧 |
| | | ⑤闭合过程中振动过于剧烈 | ⑤调整触头参数或更换接触器 |
| | | ⑥触头分断能力不足 | ⑥调换合适的接触器 |
| | | ⑦触头表面有金属颗粒凸起或异物 | ⑦清理触头表面 |
| | | ⑧电源电压过低或机械上卡住而使触头停滞不前或反复跳动 | ⑧调高电源电压,排除机械卡住故障,保证接触器可靠吸合 |

### (三)接触器的日常维护

接触器在使用时应经常或定期地检查其运行情况,并进行必要的合理维护,以延长其使用寿命,保证其安全可靠地运行。维护、检修时应首先断开电源,再按照如下步骤进行操作。

**1. 外观检查**

用压缩空气清除接触器各部件的灰尘,铁芯极面上的灰尘也可以用毛刷清除。若有油污,可先用棉布沾少量酒精擦拭,然后再用干布擦净;并仔细观察接触器外观是否完整无损,注意拧紧所有紧固件。

**2. 灭弧装置维护**

取下灭弧罩,用毛刷清除罩内落物及金属颗粒,如发现有破裂或严重烧损及零部件(如灭弧栅片)变形、松脱或位置变化等现象而不易修复时,应及时更换新灭弧装置。重新安装时,应装回原位。

**3. 触头的维护**

定期检查触头的温升是否超过标准(主触头温升75℃),银或银基粉末冶金制成的触头表面有烧毛发黑的现象是正常的,不会影响其实际工作能力,一般情况不必清理。如触头接触处有金属颗粒或毛刺,可以用细锉轻轻锉平,但不能用砂纸或砂布擦拭。对于具有铜触头的转动式接触器,若长时间没使用或连续工作8h以上,在使用前应先开闭1~2次,以便除去触头的氧化膜。触头如有开焊、裂缝或磨损到原厚度1/3的情况时,则应更换新触头。

**4. 吸引线圈的维护**

观察线圈外表层有无过热变色,定期检查线圈温升是否超过所规定的值(一般规定,当环境温度为40℃,A级绝缘的线圈用温度计测得的表面温升不得超过60℃);引线与导线是否有松动、开焊或将断的情况;线圈骨架有无碎裂、磨损或固定不正常现象。此外,还应注意缓冲件是否完整。

**5. 铁芯的维护**

观察铁芯端面有无变形、松散现象。维护时,可用棉纱沾少量汽油擦拭极面上的污垢。注意交流电磁铁的分磁环有无断裂,中柱气隙是否保持在0.1~0.3mm(如发现过小可略锉去一些);观察直流电磁铁铁芯的非磁性垫片是否磨损或脱落,缓冲件是否完整,位置是否正确。

**6. 接触器转轴的维护**

经常检查接触器的转轴转动是否灵活;在转轴与轴承处可注入少量润滑油,以保持转动灵活。

## 第9.2节 继 电 器

下文在讲述继电器基本知识的基础上,对城市轨道交通车辆常用的电磁式继电器的种类、作用、型号、结构、工作原理、特点和主要技术参数进行介绍,并简单地介绍继电器的选用和维修方法。

## 一、继电器的定义、组成、分类、特点、动作原理、特性及基本参数

1. 继电器的定义及组成

继电器是一种根据某一输入量来换接执行机构的电器,用于控制电路。继电器也可认为是传递信号的电器。在城市轨道交通车辆控制电路中,继电器具有控制、保护或转换信号的作用。

继电器实物图,如图9-9所示。

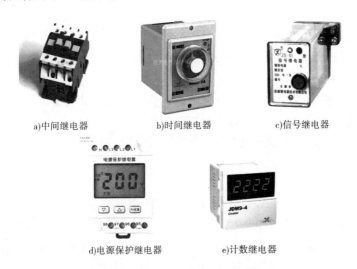

a)中间继电器　　b)时间继电器　　c)信号继电器

d)电源保护继电器　　e)计数继电器

图9-9　中间、时间、计数、液位继电器实物图

任何一种继电器,不论它的动作原理、结构形式、使用场合如何千差万别,都是根据外界输入的一定信号来控制电路中电流的"通"与"断"的,这就是继电器的共性。这种共性说明,任何一种继电器为了完成它的特定使命,一般都应由测量机构、比较机构和执行机构等部分组成。其原理组成方框图,如图9-10所示。

图9-10　继电器原理组成方框图

对于大部分继电器来说,输入量可以是电量,如电压、电流、阻抗、功率等;也可以是非电量,如压力、速度、温度等。输入量可以是一个量,也可以是两个或多个量。

(1)测量机构:是反应继电器输入量的装置,用于接收输入量,并将其转换成继电器工作所必需的物理量。比如电磁型继电器,测量机构是线圈和铁芯构成的磁系统,用来测量输入电量的大小,并在衔铁上将电量的大小转换成相应的电磁吸力。

(2)比较机构的作用是将输入量(或转换量)与其预设的整定值进行比较,根据比较结果决定执行机构是否动作。如:电磁继电器的反力弹簧等。当电磁力大于反力时,衔铁吸合,接点动作;当电磁力小于反力时,衔铁不吸合,接点不动作,没有输出。一般可以在比较环节上调整(整定)继电器的动作值。

(3)执行机构:是反应继电器输出的装置,它作用于被继电器控制的相关电路中,以得到

必需的输出量。执行机构根据比较的结果决定是否动作:有触点电器中触点的分、合动作,无触点电器中晶体管的饱和、截止两种状态,都能实现对电路的"通""断"控制。

输出量是根据比较结果来决定有无的。不管输入是何物理量,输出量往往是电量。

需要说明的是,对于有触点的继电器来说,也可按前面电器基本理论所述,由触头装置和传动装置(一般没有灭弧装置)组成。

2. 继电器的分类

继电器的用途很广,种类繁多,对不同类型的继电器要求不同,有时对同一类型的继电器,也需要从不同的方面去说明它的特性。因此,继电器有很多种分类方法,下面仅根据目前城市轨道交通车辆上使用的情况来分类。

(1)按用途分,可分为控制继电器和保护继电器。

(2)按输入物理量的性质分,可分为电磁式继电器(反映电量的继电器)、机械式继电器(反映非电量的继电器)。

(3)按执行机构的种类分,可分为有触点继电器和无触点继电器。

(4)按输入电流性质来分,可分为直流继电器和交流继电器。

(5)按作用分,可分为电流继电器、电压继电器、时间继电器、中间继电器、压力继电器等。

3. 继电器的特点

在城市轨道交通车辆上,继电器一般不直接控制主电路或辅助电路,而是通过接触器或主、辅电路中的其他电器对主电路及辅助电路进行控制。同接触器相比较,继电器具有以下特点:

(1)继电器触头容量小,采用点接触形式,没有灭弧装置,体积和质量也比较小。

(2)继电器的灵敏度要求极高,输入、输出量应易于调节。

(3)继电器能反映多种信号(如各种电量、速度、压力等);其用途很广,外形多样化。

(4)继电器不能用来开断主电路及大容量的控制电路。

4. 继电器的动作原理和特性

继电器的输入量与输出量之间有一特定的关系,这就是继电器最基本的输入-输出特性,亦称继电特性。

继电特性可以通过分析继电器的工作过程来得到。下面分析电磁继电器的工作过程。

图 9-11 为具有常开接点继电器的继电特性,输入量用 $X$ 来表示,输出量用 $Y$ 来表示。当输入量 $X$ 从零增加时,在 $X < X_{dz}$ 的过程中,衔铁不吸合,常开接点保持打开,继电器不动作,输出量 $Y=0$;当输入量达到 $X = X_{dz}$ 时,继电器立即动作,衔铁吸合,常开接点闭合,输出量由 0 跃变,即达到了 $Y = Y_1$,继续增加 $X$ 到 $X_e$(额定输入量),继电器保持该状态不变,输出仍为 $Y_1$(常开接点继续闭合)。当输入量 $X$ 从 $X_e$ 减少时,在 $X > X_{fh}$ 过程中,继电器仍然保持该状态不变,常开接点继续闭合,输出还是 $Y_1$。只有当输入量减少到 $X = X_{fh}$ 时,输入量产生的吸力不足以吸合衔铁,衔铁释放,常开触头打开,继电器返回,输出量 $Y$ 由 $Y_1$ 跃变到 0,继续减少输入量 $X$ 到零,输

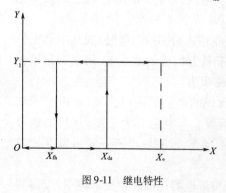

图 9-11 继电特性

出均保持在 $Y$ 为零的状态。

可见,继电特性由连续输入、跃变输出的折线组成,只要某装置具有该输入-输出特性,就能称为继电器。图9-11中 $X_{dz}$ 称为继电器的动作值,$X_{fh}$ 称为继电器的返回值。

5. 继电器的基本参数

(1) 额定参数。它是指输入量的额定值及触点的额定电压、额定电流等。

(2) 动作值。它是指继电器吸合动作所需要的最小物理量的数值,如电流继电器的动作电流,电压继电器的动作电压,风压继电器的动作风压等。有时也称整定值,通常用 $X_{dz}$ 表示。

(3) 返回值。它是指触头打开所需要的最大物理量的数值,通常用 $X_{fh}$ 表示。

需要注意的是,衔铁的释放值不一定是继电器的返回值(对常闭触头来说)。

(4) 返回系数。它是指继电器输入量的返回值 $X_{fh}$ 与动作值 $X_{dz}$ 之比,用 $K_{fh}$ 表示,即:

$$K_{fh} = \frac{X_{fh}}{X_{dz}}$$

返回系数是继电器的重要参数之一,对继电器来说,一般 $K_{fh} < 1$。$K_{fh}$ 越接近于1,继电器动作越灵敏,但抗干扰能力就越差。所以,返回系数也不完全是越高越好。对控制继电器来说,返回系数要求不高;对保护继电器来说,要求有较高的返回系数。

(5) 动作值的调整。继电器的动作值(或返回值)的调整,也称继电器参数的整定。对电磁继电器的整定,可通过改变反力弹簧和工作气隙来实现。对电子继电器来说,可改变比较环节电位器的阻值等来实现。

## 二、常用电磁继电器的种类、作用、型号、结构及动作原理

电磁继电器的测量机构是电磁铁,执行机构是触头。它具有工作可靠、结构简单、易于制造等优点,所以在电力机车上得到了广泛的应用。

电磁式继电器可分为电压继电器、电流继电器、中间继电器、时间继电器和信号继电器等。按照电流种类的不同,电磁继电器还可以分为直流电磁继电器和交流电磁继电器。

(1) 电压继电器,是指当继电器线圈两端电压达到规定值时动作的继电器,其吸引线圈与电路并联,故线圈直径较细,匝数较多,主要作控制用。

(2) 电流继电器,是指当继电器线圈流过的电流达到规定值时动作的继电器,其吸引线圈与电路串联,故线圈直径较粗,匝数较少,多作过载或短路保护之用。

(3) 中间继电器,是指用来增加控制电路数目或将信号放大的继电器,它实际上也属于电压继电器。

(4) 时间继电器,是指从接收信号至触头动作(或使输出电路的电参数产生跳跃或改变)具有一定的延时,该延时又符合其准确度要求的继电器。

为了与接触器对比认识,并利用电器学的基本理论,在下文介绍有关有触点继电器的组成时,有时会按传动装置和触头(接点)装置两部分来认识有关继电器。

1. JZ15—44Z 型中间继电器

(1) 型号及含义

JZ15—44Z 型中间继电器是在城市轨道交通车辆上普遍使用的一种中间继电器。其中各字符的含义如下：

J——继电器；

Z——中间；

15——设计序号；

44——4 常开、4 常闭触头数；

Z——直流控制。

（2）作用

该型继电器用在直流控制电路中，用来控制各种控制电器的电磁线圈，以使信号放大或用一个信号控制几个电器。

（3）组成

如图 9-12 所示，继电器主要由传动装置和触头装置组成。

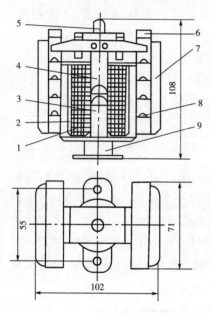

图 9-12　JZ15 继电器结构（尺寸单位：mm）
1-线圈；2-磁轭；3-铁芯；4-衔铁；5-按钮；6-反力弹簧；7-防尘罩；8-触头组；9-支座

①传动装置：由直流螺管式电磁铁构成（螺管直动式），铁芯和线圈布置在继电器中央。为了获得较平坦的吸力特性和足够的开距，铁芯采用锥形止铁。继电器的反力特性依靠动触头支架上的一对拉伸弹簧调节，衔铁上还装有一个手动按钮，以供检查及故障操作使用。

②触头装置：为 8 对双断点桥式触头，分别布置在磁轭两侧。可根据需要任意组合成 2 开 6 闭、4 开 4 闭、6 开 2 闭的方式，但必须注意两个触头盒中的常开常闭触头数应对称布置。为了防尘和便于观察接点，继电器带有透明的防尘罩。

该型继电器的触头容量为 10A，为了既实现体积小、结构紧凑，又保证大电流分断能力，触头系统采用永磁钢吹弧以提高触头直流分断能力。小型化的永磁钢嵌在静触头的下部，采用无极性布置法，可以将直流电弧拉长，实现吹弧的目的。

在检修时要特别注意以下两点：

①永磁钢极性不能任意改变，应保证两个静触头下的永磁钢极性相反。若装成同极性，则可能在某一电流方向发生两弧隙电弧拉向内侧，造成静触头间飞弧的事故。

②若永磁钢丢失，则分断能力要降低一半，触头必须降容量使用。

2. JT3—21/5 型时间继电器

JT3 型系列直流电磁式继电器用于城市轨道交通车辆，在电力拖动线路中作为时间（仅在产品断电时延时）、电压、欠电流及中间继电器之用。

JT3 系列时间继电器实物，如图 9-13 所示。

（1）JT3—21/5 型时间继电器型号及含义

JT3—21/5 各字符的含义如下：

J——继电器；

T——通用；
3——设计序号；
2、1——2开1闭接点数目；
5——表示动作值(s)(延时时间)。

图9-13 JT3系列时间继电器实物

(2) 作用

该型继电器作为控制电路中的时间控制环节元件，作衔铁延时释放用。有3个时间等级：1s(0.3~0.9s)，3s(0.8~3s)，5s(2.5~5s)。

(3) 结构

如图9-14所示，该型继电器的铁芯和磁轭采用圆柱整体电工钢，使铁芯与磁轭成为一体，再用铝基座浇铸而成，从而减小了装配气隙，降低磁阻，有利于提高继电器的灵敏度。衔铁制成板状，装在磁轭端部，可绕棱形支点转动，形成拍合式动作。铁芯端部套有圆环状的极靴。在衔铁内侧与铁芯相接触处，装有一磷铜皮制成的非磁性垫片，此垫片使衔铁闭合时与铁芯间保持一定的距离，即衔铁与铁芯间有一定数值的磁阻，以防止衔铁在闭合状态下，当吸引线圈断电时，剩磁将衔铁"粘住"，引起继电器不能正常释放而造成事故。时间继电器的延时作用是依靠套装在磁轭上的阻尼套筒来保证的。继电器断电时，可借助于反力弹簧的作用使衔铁打开。

继电器的联锁触头采用标准的CI—1型组件，更换方便，且常开和常闭联锁触头的数量可按需要组合。它装在继电器的前侧。其杆状胶木的动触头支架由与衔铁机械固定在一起的拨叉控制，衔铁动作即通过拨叉带动触头支架上、下动作，使联锁触头作相应的开闭。

(4) 动作原理(延时原理)

当继电器的线圈通电时，在磁路中产生磁通。当磁通增加到能使衔铁吸动的数值时，衔铁开始动作，随着衔铁与铁芯之间气隙的减小，磁通也增加。当衔铁与铁芯吸合以后，磁通最大(此时的磁通大于将衔铁吸住时所需的磁通)。在线圈通电时，因为磁通的增长和衔铁的动作

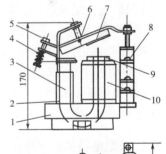
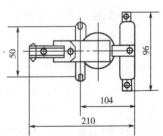

图9-14 JT3系列时间继电器结构简图
(尺寸单位：mm)
1-底座；2-阻尼套筒；3-铁芯；4-反力弹簧；
5-反力调节螺母；6-衔铁；7-非磁性垫片；
8-触头组；9-极靴；10-线圈

时间很短,所以联锁触头的动作几乎是瞬时的。当线圈断电时,电流将瞬时下降为零,相应于电流的主磁通亦迅速减小。但因其变化率很大,根据楞次定律,在阻尼铜套(或阻尼铝套)内部将产生感应电势,并流过感应电流,此电流产生与原主磁通相同方向的磁通以阻止主磁通下降,这样就使磁路中的主磁通缓慢地衰减,直到磁通衰减到不能吸住衔铁时,衔铁才释放,接点才相应打开(或闭合),这样就得到了所需的延时。

为保证继电器延时的准确性,在使用时间继电器时,必须保证有足够的充电时间(即线圈通电时间),使衔铁和铁芯中的磁通完全达到稳定值。若充电不足,没有建立起稳定的磁通,延时作用将大大削弱。JT3系列时间继电器的充电时间不能小于0.8s,故继电器通电时间必须大于1s。

### 三、继电器的选用、故障处理及维修

#### (一)继电器的选用

继电器是现代工业生产中不可缺少的自动化组件,它广泛地应用于工业、农业、国防和交通运输等各个部门,其品种多、用量大。因此,充分了解各继电器的性能、参数和使用条件,正确地选择和使用继电器,是确保继电器及其被控制或保护对象可靠工作、正常运行的重要环节。

选用继电器的一般方法如下:

(1)根据被控制或保护对象(可以电量或非电量)的具体要求,确定采用的继电器的种类,并设计其继电-接点电路。

(2)确定控制和被控制电路的基本参数,如控制电路(继电器线圈电路)的线圈数量,电流种类,继电器动作、释放和工作状态的电流、电压或功率值以及它们的变化范围;被控制电路(继电-接点电路)的常开和常闭接点的数量,电路中的电流种类(直流或交流)及其大小,负载的电阻和电感量(即 $R$ 和 $L$ 值)等。

(3)根据控制和被控制电路对继电器的要求,在考虑使用寿命、工作制、使用条件、继电器各主要技术参数及质量和尺寸的基础上,从产品目录中选择合适的继电器。

#### (二)继电器常见故障的处理

继电器在使用过程中,由于各种原因,如产品质量不高、使用不当、维修不好等,常常发生各种各样的故障。对于电子继电器,因目前车辆上所用种类还少,其故障及处理以及检查、试验具有自己的特点。在此,主要介绍有触点继电器的故障及处理。最常见的有以下几种。

1. 触头故障

(1)由于触头的机械咬合(触头上形成的针状凸起与凹坑相互咬住)、熔焊或冷焊而产生无法断开的现象。

(2)由于接触电阻变大和不稳定,使电路无法正常接通的现象。

(3)由于负载过大,或触头容量过小,或负载性质变化等引起触头无法分、合电路的故障。

(4)由于电压过高或触头开距变小而出现触头间隙重新击穿的故障。

(5)由于电源频率过高或触头间隙电容过大而产生无法准确开断电路的故障。

(6)由于各种环境条件不满足要求而造成触头工作的失误。

(7)由于没有采用熄弧装置或措施,或参数选用不当而造成触头磨损,或产生不必要的干扰。

2. 线圈故障

(1)由于环境温度的变化(超过技术条件规定值)导致线圈温升超过允许值而引起线圈绝缘的损坏;由于潮湿而引起绝缘水平的严重降低;由于腐蚀而引起内部断线或匝间短路。

(2)由于线圈电压超过110%额定电压而导致线圈损坏。

(3)在使用维修时,可能由于工具的碰伤而使线圈绝缘损坏,或引起线折断。

(4)由于线圈电压接错,如额定电压为110V的线圈接到220V的电源电压上,或将交流电压线圈接到同样等级的直流电压上而使线圈立即烧坏。

(5)交流线圈可能由于线圈电压超过110%额定电压,或操作频率过高,或当电压低于85%额定电压时因衔铁吸合不上而烧坏。

(6)当交流线圈接上电压时,可能由于传动机构不灵或卡死等原因,使衔铁不能闭合而使线圈烧坏。

3. 磁路故障

(1)棱角和转轴的磨损,导致衔铁转动不灵或卡死的故障。

(2)在有些直流继电器中,由于机械磨损,或非磁性垫片损坏,使衔铁闭合后的最小气隙变小,剩磁过大,导致衔铁不能释放的故障。

(3)交流继电器铁芯上分磁环断裂,衔铁和铁芯极面生锈或侵入杂质时,将引起衔铁振动,产生噪声。

(4)交流继电器E形铁芯中,由于两侧铁芯的磨损而使中柱的气隙消失时,将产生衔铁粘住不放的故障。

4. 其他

其他故障如:各种零件产生变形或松动,机械损坏,镀层裂开或剥落,各带电部分与外壳间的绝缘不够,反力弹簧因疲劳而失去弹性,各种整定值调整不当,产品已达额定寿命等。

继电器产生故障的原因很多,除了要求生产厂商确保产品的质量以外,正确使用和认真维修也是减少其故障、保证其可靠工作的重要环节。

(三)继电器的维修

由于车辆电器的工作条件恶劣,各继电器及部件的性能与参数也将随着工作任务与使用时间的改变而改变,而且还经常受到各种偶然因素的影响。因此,必须对这些情况经常地监视和及时地了解,对可能出现的各种异常现象及早地提防,对某一继电器或继电器的某一部件产生的故障及时地修理或更换,以确保各继电器的使用寿命,保证车辆正常而可靠地工作。所以,坚持预防为主的方针,建立必要的维修制度,对继电器进行经常的和定期的维修是十分必要的。

尽管继电器型号不同,检修方法也有区别,但是在检修时都应按以下共同的要求进行。

（1）继电器活动部分的动作应灵活、可靠；外罩及壳体应无损坏或缺少零件等情况。

（2）继电器线圈引出端子及外部连接线必须牢固、可靠；电磁继电器吸引线圈的阻值必须符合有关的技术规定。

（3）有指示件的继电器应检查指示件的自锁和释放作用，保证其正确、可靠。

（4）绝缘状态良好，磨耗件及易损件（包括胶木件、外罩、分磁环、非磁性垫片等）有缺损时应更新；各连接部分的紧固状态应良好。

（5）测量继电器触头厚度、开距、超程及终压力等技术参数，必须符合有关规程和工作文件的要求。

（6）调整继电器动作参数的整定值，并加漆封固定。有特殊要求时，还应测量继电器的返回系数。

继电器的检修工作除一般的清扫、检查外，其主要内容是测量继电器的技术参数并调整其动作的整定值，即上面提到的第（5）条和第（6）条。

车辆上装有电磁式继电器、机械式继电器和电子继电器。从继电器的输入、输出特性可知，继电器只有当输入量达到其规定的动作参数时才会动作，即电磁式继电器在达到规定的电压、电流值，或机械式继电器达到规定的压力、速度时，继电器才动作，并带动相应的联锁触头接触或分断相应的控制电路，将故障或正常工况准确地显示出来。由此可见，继电器的动作参数是决定继电器准确动作的决定性因素，而调节继电器动作参数的过程，即对继电器的整定过程就显得尤为重要了。所以，在车辆中修时，最主要的任务之一就是必须对全部继电器重新整定、校检。继电器整定值的调试应由专职人员在专用的试验台上进行。电磁式继电器可借调整反力弹簧、初始气隙及非磁性垫片等措施来调整动作值。一般的，调整初始气隙可改变其动作值，调整非磁性垫片可改变其释放值，而调整反力弹簧则动作值和释放值都可改变。

必要时，某些继电器在检修后还应做振动试验和触头压力及接触电阻测试。

## 第9.3节 低压断路器

### 一、自动空气断路器（自动开关）的定义、特点及分类

**1. 自动空气断路器（自动开关）的定义**

图9-15 TO—100BA型三相自动空气开关

自动空气断路器是低压断路器的一种，又称自动开关，是一种结构较为复杂，动作性能较为完善的配电保护电器。它能自动切断短路、严重过载、电压过低等故障电路，有效地保护接在它后面的电气设备；同时亦可用它来手动非频繁地接通和分断正常电路。

图9-15所示为TO—100BA型三相自动空气断路器（自动开关）。

**2. 自动开关的特点**

与其他开关电器相比较，自动开关具有以下特点：

(1)能开断较大的短路电流,分断能力较强。
(2)具有对电路过载、短路的双重保护功能。
(3)允许操作频率低。
(4)动作值可调,动作后一般不需要更换零部件。

3. 自动开关的分类

自动开关种类繁多,可按以下方式分类:

(1)按用途分,有保护配电线路用自动开关、保护电动机用自动开关、保护照明电路用自动开关和漏电保护用自动开关等。

(2)按结构形式分,有框架式(亦称万能式)自动开关和塑料外壳式(亦称装置式)自动开关。

框架式自动开关为敞开式结构,一般快速自动开关,特别是大容量自动开关多为此种结构。它主要用作配电网络的保护开关。

塑料外壳式自动开关的结构紧凑、体积小、质量小,且具有安全保护的塑料外壳,使用安全可靠,适于单独安装,它除了可用作配电网络的保护开关外,还可用作电动机、照明电路以及电热器电路等的控制开关。

(3)按极数分,有单极自动开关、两极自动开关、三极自动开关和四极自动开关。

(4)按限流性能分,有一般不限流型自动开关和快速限流型自动开关。

(5)按操作方式分,有直接手柄操作式自动开关、杠杆操作式自动开关、电磁铁操作式自动开关和电动机操作式自动开关。

## 二、自动开关的基本结构

根据各类自动开关的共同功能,它们在结构上必然具备以下几个基本部分。

1. 触头系统

触头系统是自动开关的重要部件,主要承担电路的接通、分断任务。

对触头系统的一般要求是:能可靠接通和分断一定次数的极限短路电流及额定电流以下的任何电流;具有一定的电寿命,不需要经常更换触头;有足够的热稳定性和电动稳定性,不会因长期使用后触头接触不良导致温升过高,或不能经受极限短路电流的冲击而自动弹开。

因此,自动开关比接触器的触头结构和触头材料的要求要高得多。

2. 灭弧系统

灭弧系统主要有纵窄缝灭弧装置和去离子栅灭弧装置两种。

各类灭弧装置的灭弧方法,可概括为长弧熄弧法(将电弧拉长、冷却)和短弧熄弧法(将电弧分割成串联短弧,利用直流电弧的极旁压降或交流电弧的近阴极效应来熄弧)等。

对灭弧系统而言,一般应具备下列功能:短时间内应可靠熄弧,并保持良好的绝缘性能;喷出的电弧火花距离小,以免造成相间飞弧;有足够的热容量,使之在电弧高温作用下不致产生变形、碎裂或灭弧室及栅片严重烧伤;有足够的机械强度,保证在受高温、合闸或冲击振动及运输情况下不会碎裂、缺损。

3. 传动机构

传动机构用于操纵触头的闭合和断开。传动机构有手操纵直接传动式、手操纵弹簧传动式、电磁铁传动、电动机传动、压缩空气传动等几种。

4．自由脱扣机构

"自由脱扣"是指人为操纵手柄处于闭合位置，当手还未离开手柄就发生短路、过载和欠电压等故障时，保护装置作用于自由脱扣机构，自动开关也能自动断开，起保护作用。自由脱扣机构与触头系统和保护装置是相联系的，通过自由脱扣机构的作用可使触头自动断开。

5．脱扣器

脱扣器用于检测故障并作用于操作机构，使其脱扣，带动自动开关的触头断开。

自动开关通常采用电磁脱扣器和热脱扣器两种。

(1)电磁脱扣器，分为过电流脱扣器和欠电压脱扣器。它们实际上是一个小型电磁机构：欠电压脱扣器装有电压线圈；过电流脱扣器装有电流线圈。

现以过电流脱扣器为例，说明其动作原理。当被保护电路发生过载或短路故障，电流增加并达到整定值时，衔铁吸合，使脱扣杆钩子与主杠杆脱扣，自动开关断开，切除过载或短路故障，保护电气设备不受损坏。电磁脱扣器的动作电流值，可根据需要调整反力弹簧来整定。它具有动作电流大、调节范围宽、动作时间短(一般为 10～40ms)的特点，可用作短路保护。

(2)热脱扣器，是由热组件和双金属片等组成。电流通过热组件产生电阻损耗而发热，其温度升高，加热双金属片。双金属片是一个将热能转换为机械能的组件，如图 9-16 所示。

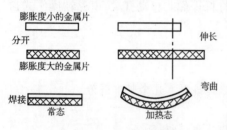

图 9-16 双金属片工作原理

它由两种不同膨胀系数的金属片焊接而成，其中，膨胀系数较大的金属片贴近热元件。双金属片一端固定，另一端处于自由状态。当热组件由于间接加热或直接通电流加热时，即将热能传递给双金属片，双金属片受热后温度升高。由于两种金属片膨胀系数不同，接合面的伸长要相同，迫使双金属片向着膨胀系数较小的一侧弯曲。双金属片弯曲时产生作用力，作用于脱扣杆的钩子上，使之脱扣，自动开关断开，即可保护电气设备不因过载而损坏。由于双金属片是因受热而弯曲，所以双金属片弯曲时作用于脱扣机构的动作时间与过载电流大小有关：电流大，动作时间短；电流小，动作时间长，即动作时间与电流大小近似成反比。

## 三、自动开关的工作原理

自动开关的主触头靠操作机构(手动或电动)合闸。自由脱扣机构是一套连杆机构，当主触头闭合以后，将主触头锁在合闸位置。其工作原理，如图 9-17 所示。

在正常工作情况下，自由脱扣机构的锁钩 3 扣住触头杆，使主触头 4 保持在合闸位置。

1 为过电流脱扣器，它的电磁线圈与被保护电路串联，在正常电流下，脱扣器的弹簧力使衔铁释放；当过载或短路时，强大的电磁吸力使衔铁吸合，带动衔铁另一端的顶杆向上运动，顶开自由脱扣机构中的锁钩 3，在开断弹簧 5

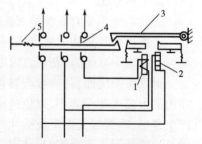

图 9-17 自动开关的工作原理
1-过电流脱扣器；2-失压脱扣器；3-自由脱扣机构的锁钩；4-主触头；5-开断弹簧

的作用下,主触头 4 迅速开断,将故障电路分断。

2 为失压脱扣器,它的电磁线圈与被保护电路并联。在正常电压下,衔铁吸合,锁钩 3 不脱扣;当失压时,电磁吸力很小,在失压脱扣器弹簧力的作用下,衔铁释放,其顶杆顶开锁钩 3,主触头 4 在开断弹簧 5 的作用下迅速开断,切断电路。

在城市轨道交通车辆上,为便于维修和检查故障,自动开关可用于手动非频繁地切换正常电路。同时,也可对辅助电路和控制电路进行过载、短路保护。

### 四、TO 系列自动开关

在某些城市轨道交通车辆中,采用 TO—100BA 型和 TO—225BA 型三相自动开关作为各辅助电路单相、堵转、短路等故障保护。

TO 系列自动开关由操作机构、脱扣装置、灭弧装置及触头系统等组成。三个动触头通过支架固装于同一个绝缘方轴上,三个动触头同时开断。每相都有一独立灭弧室,灭弧罩采用铁栅片式。采用热动电磁式脱扣器作为过载和短路保护的执行机构。

TO 系列三相自动开关的主要技术参数,见表 9-5。

TO 系列三相自动开关的主要技术参数　　　　　　表 9-5

| 型号 | TO—100BA | TO—225BA |
| --- | --- | --- |
| 额定电压(V) | AC600V 以下,DC250V 以下 | AC600V 以下,DC250V 以下 |
| 额定壳架电流(A) | 100 | 225 |
| 额定频率(Hz) | 50/60 | 50/60 |
| 脱扣器额定电流(A) | 15,20,30,40,50,60,75,100 | 125,150,175,200,225 |
| 脱扣器形式 | 热动-电磁式 | 热动-电磁式 |
| 短路分断能力 | AC380V,50Hz;18kA　$\cos\varphi=0.3$ | AC380V,50Hz;25kA　$\cos\varphi=0.25$ |

## 第 9.4 节　传　感　器

城市轨道交通车辆上的监控系统需要测取各电压电流信号,例如接触网网压、牵引电机的电流和电压等信号;在直流传动系统的城市轨道交通车辆中,广泛使用霍耳元件传感器测取牵引电动机的直流电流和电压。图 9-18 和图 9-19 分别是用于检测牵引电动机电压和电流的电压传感器和电流传感器。

图 9-18　电压传感器

图 9-19　电流传感器

## 一、传感器的定义和分类

1. 传感器的定义

传感器是借助于检测元件接收一种形式的信息,并按一定规律将它转换成另一种信息的装置。它获取的信息可以为各种物理量、化学量和生物量,转换后的信息也可以有多种形式。目前的传感器大多为电信号。因此,从狭义上讲,传感器也可定义为把外界的输入信号转换成电信号的装置。

传感器是自动化系统中不可缺少的元件。它连接被测对象和测试系统,提供系统进行处理和决策所必需的原始信息。显然,一个自动化系统首先要检测到信息才能进行自动控制,如果传感器不能获得信息,或者获得的信息不确切,或者不能把信息精确地转换成电信号,那么,要显示、处理这些信号就会非常困难,甚至没有意义。所以,传感器关系着一个测量系统或自动化系统的成败。

2. 传感器的分类

随着电子计算机、生产过程自动化,以及生物医学、环保、能源、海洋开发、遥感、遥测、宇航等科学技术的发展,从太空到海洋,从各种复杂的工程系统到日常生活的衣食住行,都广泛采用了各种传感器。

由于应用的对象、测量的范围、周围的环境等不同,需用的传感器也不一样,因此,传感器的种类很多。目前,传感器常用的分类方法有以下两种。

(1) 按被测物理量划分,可分为位移、速度、加速度、力及压力传感器。

① 位移传感器。它用于长度、厚度、应变、振动、偏转角等参数的测量。

② 速度传感器。它用于线速度、振动、流量、动量、转速、角速度、角动量等参数的测量。

③ 加速度传感器。它用于线加速度、振动、冲击、质量、应力、角加速度、角振动、角冲击、力矩等参数的测量。

④ 力、压力传感器。它用于力、压力、质量、力矩、应力等参数的测量。

(2) 按工作原理划分,可分为电阻式、电感式、电容式、谐振式、电势型、电荷式、光电和半导体传感器。

① 电阻式传感器。它利用滑动电位器触点改变电阻值或改变电阻丝或片的几何尺寸的原理制成,主要用于位移、力、压力、应变、力矩、气流流速和液体流量等参数的测量。

② 电感式传感器。它利用改变磁路几何尺寸、磁体位置来改变电感和互感的电感量或压磁效应原理制成,主要用于位移、力、压力、振动、加速度等参数的测量。

③ 电容式传感器。它利用改变电容的几何尺寸或改变电容介质的性质和含量,从而改变电容量的原理制成,主要用于位移、压力、液体、厚度、含水率等参数的测量。

④ 谐振式传感器。它利用改变机械的或电的固有参数来改变谐振频率的原理制成,主要用于测量压力。

⑤ 电势型传感器。它利用热电效应、光电效应、霍尔效应、电磁感应等原理制成,主要用于温度、磁通、电流、电压、速度、光强、热辐射等参数的测量。

⑥ 电荷式传感器。它利用压电效应原理制成,主要用于力、加速度的测量。

⑦ 光电传感器。它利用光电效应和几何光学原理制成,主要用于光强、光通量、位移等

参数的测量。

⑧半导体传感器。它利用半导体的压阻效应、内光电效应、磁电效应，与气体接触产生性质变化等原理制成，多用于温度、压力、加速度、磁场、有害气体和气体泄漏的测量。

## 二、城市轨道交通车辆上使用的磁场平衡式霍尔电传感器

磁场平衡式霍尔电传感器是采用霍尔器件并引进瑞士 LEM 公司的技术——磁平衡原理制成的电传感器。这种传感器随着 8K 车技术的引进并国产化后，现已在国产城市轨道交通车辆上批量运用。它能满足城市轨道交通车辆控制系统和其他控制系统的要求，是一种很有发展前途的控制元器件。

1. 霍尔器件的工作原理

载流导体在磁场作用下，会产生感应电动势，因此在导体两端会产生电位差 $U_h$，如图 9-20 所示。

电位差 $U_h$ 的计算公式为：

$$U_h = \frac{R_H}{d} I_1 B$$

式中：$\frac{R_H}{d}$ ——常数，即霍尔系数，由霍尔器件的材料确定；

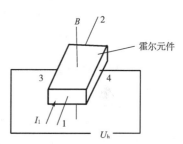

图 9-20 霍尔器件的工作原理

$I_1$ ——通过电流；

$B$ ——磁场；

$U_h$ ——霍尔电势。

利用霍尔电势的产生原理，现代科技已用半导体材料专门制成霍尔元件或称霍尔芯片，用于检测磁通。一般的霍尔芯片均有 4 根引线，其中 2 根引线为外加电压，提供电流，另 2 根引线为输出的霍尔电势 $U_h$。当外加电压恒定、电流 $I_1$ 恒定时，输出的霍尔电势 $U_h$ 与磁场有良好的线性关系。

2. 霍尔传感器的工作原理

霍尔传感器利用上述霍尔元件的工作原理，特别是输出霍尔电势与磁场的线性关系，并运用磁平衡技术而制成。

霍尔芯片置于聚磁铁芯的气隙中。原边主电流回路所产生的磁场与副边电流回路产生的磁场方向相反，互相抵消，使霍尔芯片处于检测零磁通的状态。当主电路产生的磁场导致聚磁环中的霍尔芯片产生霍尔电压时，霍尔电压使得电子放大器相应的功率管导通，并根据霍尔电压的数值提供相应的补偿电流。副边电流产生的磁场抵消原边电流产生的磁场，直至霍尔电压为零，从而达到磁回路平衡，霍尔芯片又工作在零磁通状态。

这里，平衡的建立是在瞬间完成的，且平衡后又会出现新的不平衡，因此是一个瞬间的动态平衡过程。因磁路为零磁通，可以保证原边电流与副边电流是线性关系，测量副边数值就可得到原边主电流。

3. 霍尔传感器的特点

基于上述原理，磁平衡霍尔传感器具有如下特点：

(1) 可以测量任意波形的电流和电压，直流、交流脉动波形。因工作在零磁通状态，不受

磁饱和的影响,可以真实地反映各种原边电流的波形。

(2)原、副边电路隔离。

(3)精度高,对任意波形可做到优于1%的精度。

(4)线性度好,一般可做到优于0.1%。

(5)过载能力强,当原边电流过载(即达到饱和)时,可自动保护。

所以,该传感器特别适应于城市轨道交通车辆的控制。车辆电流通常为脉流,除直流分量外,有脉动交流成分,以前的国产城市轨道交通车辆只能采用磁补偿式直流互感器,在测量精度、线性度、失真度、过载能力等方面均落后;而磁平衡式霍尔传感器的采用,大大提高了城市轨道交通车辆的控制水平,使车辆能采用各种先进的控制方式。

因此,下文只介绍城市轨道交通车辆上使用的采用霍尔器件的磁场平衡式电流传感器、电压传感器和速度传感器。

### (一)电流传感器

电流传感器是一种通过霍尔发生器测磁来实现对各种电流进行测量的检测设备。它们串接在牵引电动机电枢回路或励磁回路中,将相应电流反馈信号输入到电子控制柜的相应信号插件。TQG4A 型和 TCS1 型电流传感器原理基本一样,现以 TQG4A 型电流传感器为例介绍如下。

工作原理:TQG4A 型电流传感器利用霍尔效应,采用磁补偿原理,通过霍尔元件实现对直流、交流及脉动电流的电隔离测量,输出信号正比于被测电流。

电流传感器中使用的关键器件是霍尔元件。如图 9-21 所示,霍尔元件加入适当的控制电流 $I_C$ 后,在磁场方向不变的情况下,其输出电压 $U$ 正比于所在磁场的磁通密度 $B$。

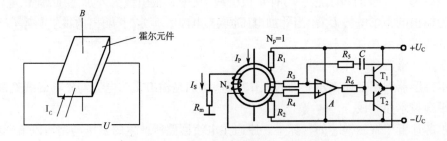

图 9-21　TQG4A 型电流传感器的工作原理

当传感器一次侧 $N_P$ 流过待测电流 $I_P$ 时,在磁路中产生与 $I_P$ 成正比的磁通密度 $B_P$($I_P \propto B_P$),引起霍尔元件产生霍尔电势 $U_B$,该电势经运算放大器差分放大后,推动功放形成二次侧电流 $I_S$,该电流流过二次侧线圈 $N_S$,到测量取样电阻 $R_m$。与此同时,流过二次侧线圈的电流 $I_S$ 也会在磁路中产生与 $I_S$ 成正比的磁通密度 $B_S$($I_S \propto B_S$),两磁场方向相反,引起磁路中总磁通密度减小,最终达到平衡,从而使处于该磁路中的霍尔元件工作在零磁通状态。整个过程是一个动态平衡过程,二次侧线圈中的电流 $I_S$(或测量取样电阻上的电压)真实地反映了待测电流 $I_P$。

为了增强对于外磁场的抗干扰能力,在 TQG4A 型电流传感器中采用了双霍尔元件,对称的两组线圈结构,输出并联。这样外磁场对霍尔元件的影响将在输出中得到抵消。

TQG4A 型电流传感器的主要技术参数,见表 9-6。

**TQG4A 型电流传感器的主要技术参数** 表 9-6

| 型号 | 额定测量值 | 工作电源 | 额定输出 | 准确度 | 线性度 | 隔离电压 | 响应时间 |
|---|---|---|---|---|---|---|---|
| TQG4A | 1 000A | DC±24V | 200mA | 2.5% | 0.1% | 12kV | ≤1μs |

### (二)电压传感器

电压传感器安装在高压电器柜内,跨接在每台牵引电动机的两端,用来检测各牵引电机的电压大小,并将反馈信号输出到电子控制柜。TQG3A 型与 TSV1 型电压传感器原理基本相同,现以 TQG3A 型电压传感器为例介绍如下。

工作原理:TQG3A 型电压传感器中使用的关键器件是霍尔元件。霍尔元件加入适当的控制电流 $I_C$ 后,在磁场方向不变的情况下,其输出电压 U 正比于所在磁场的磁通密度 B。

在电压传感器中(图 9-22),为了得到合适的原边磁场,首先将被测电压通过原边电阻降压,产生一次侧电流 $I_P$,再通过多匝 $N_P$ 一次侧线圈产生一次侧磁场。该磁场的磁通密度 $B_P$ 与被测电压成正比($U_P \propto B_P$),引起霍尔元件产生霍尔电势 $U_B$。该电势经运算放大器差分放大后,推动功放形成二次侧电流 $I_S$;该电流流过二次侧线圈 $N_S$,到测量取样电阻 $R_m$。与此同时,流过二次侧线圈的电流 $I_S$ 也会在磁路中产生与 $I_S$ 成正比的磁通密度 $B_S(I_S \propto B_S)$,两磁场方向相反,引起磁路中总磁通密度减小,最终达到平衡,从而使处于该磁路中的霍尔元件工作在零磁通状态。整个过程是一个动态平衡过程,二次侧线圈中的电流 $I_S$(或测量取样电阻上的电压)同样真实地反映了待测电压 $U_P$。

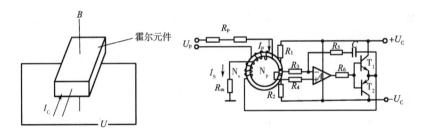

图 9-22 TQG3A 型电压传感器的工作原理

TQG3A 型电压传感器的主要技术参数,见表 9-7。

**TQG3A 型电压传感器的主要技术参数** 表 9-7

| 型号 | 额定测量值 | 工作电源 | 额定输出 | 准确度 | 线性度 | 隔离电压 | 响应时间 |
|---|---|---|---|---|---|---|---|
| TQG3A | 2 000V | DC±24V | 80mA | 5% | 0.1% | 7kV | ≤120μs |

### (三)速度传感器

某型号城市轨道交通车辆在 4 个车轴轴端安装了 CS·GDDF16 型光电速度传感器,它们将车辆车轴转速量变换为脉冲量,输出脉冲信号,进入接线盒;再由接线盒送入微机柜,对车辆进行特性控制和防空转、防滑行保护。其外形,如图 9-23 所示。

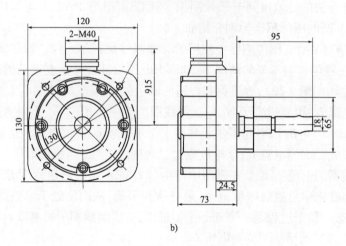

图 9-23 CS·GDDF16 型光电速度传感器(尺寸单位:mm)

1. CS·CDDF16 型光电速度传感器的主要技术参数

测速范围:0~200km/h。

每转脉冲数:200P/R。

输出通道:双通道。

输出波形:方波。

输出幅度:高电平≈$12RL/(1\ 000+RL)$V;低电平≤0.5V(负载能力≤10mA)。

脉冲占空比:50%±10%。

双路输出时的脉冲相位差:90°±45°。

工作电源:DC15V(14.25~20V);DC24V(21~30V)。

功耗电流:小于 40mA(每通道)。

绝缘强度:1kV、50Hz 交流正弦波 1min(出线端对外壳)。

温度范围:-40~+70℃。

耐振性能:20g/50Hz,垂向、纵向、横向 2h。

密封性:承受风雨。

质量:2.5kg。

2. CS·GDDF16 型光电速度传感器的结构及工作原理

CS·GDDF16 型光电速度传感器,由红外发射、光栅、光电接收、放大整形、两路彼此隔离的电路通道、外壳、传动轴、软性连接器、6 芯防水插头座及连接导线组成。当车辆的轮轴驱动传感器旋转时,传感器将转速转换为频率 $f=np/60$($p$ 为每转脉冲数)的方波脉冲送入速度传感器接线盒。

**3. CS·JH—6 型光电传感器接线盒**

靠近每个车轴的车体上,装有与该速度传感器配套的 CS·JH—6 型光电传感器接线盒。其外形,如图 9-24 所示。

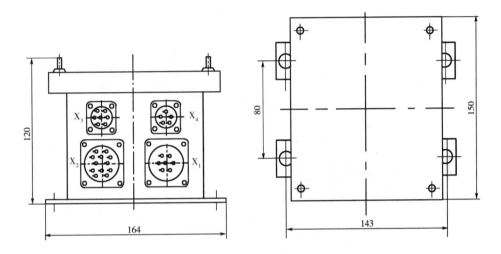

图 9-24　CS·JH—6 型光电传感器接线盒(尺寸单位:mm)

CS·JH—6 型光电传感器接线盒的主要技术参数如下:

输入信号与输出信号关系:直接耦合。

配光电传感器参数:DF16 型、双通道、200P/R。

使用环境:-40 ~ +70℃。

耐振性能:20g,50Hz,$x$、$y$、$z$ 三方向各 2h。

绝缘强度:500V、50Hz 交流正弦波 1min。

密封性:承受雨雪。

质量:1.5kg。

CS·JH—6 型光电传感器接线盒的接线原理,如图 9-25 所示。光电传感器输出的方波脉冲信号,由插头座 $X_1$ 输入,经过接线盒内电路变换,将输入的两路 200P/R 方波脉冲信号,分别由插座 $X_3$、$X_4$ 输出,以便与车辆电子控制系统接口。

该款速度传感器产生的脉冲信号,其中一个通道 4 个脉冲信号都送入微机柜,供微机控制。第一轴的另一通道送入轮缘润滑装置,第二轴的另一通道送入车辆运行速度监控装置,第三轴的另一通道送入数模转换盒,第四轴的另一通道备用。

**4. 使用注意事项**

(1)传感器作用时,传动轴转动要灵活。

(2)传感器工作电源 DC15V、24V,不允许接车辆蓄电池,应接车辆电子控制系统中的 DC/DC 变换器后经隔离变压器副边输出的电源(原、副边应全隔离),电源负端不允许接车辆外壳。

(3)传感器、接线盒型号要相匹配,安装要牢固可靠。

(4)传感器使用半年,应在0~200km/h的标准转速源上,接入工作电源,输出端外接示波器,驱动传感器,对输出波形、幅度、相位差进行检验。

(5)严格按接线盒接线图进行外部配线,接线正确无误,连接不允许出现断路及短路现象,所有插头必须拧紧。

(6)传感器、接线盒应储存在0~40℃,相对湿度不大于80%的清洁环境中。

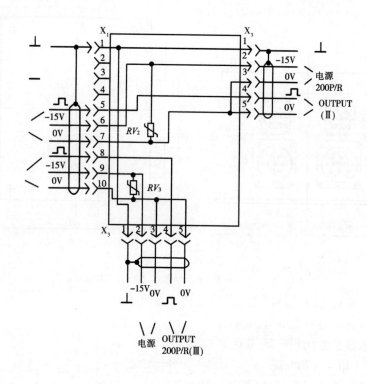

图9-25 CS·JH—6型光电传感器接线盒的接线原理

## 第9.5节 蓄 电 池

### 一、蓄电池的定义和分类

1. 定义

蓄电池是化学能与电能互相转换的装置。它能把电能转变为化学能储存起来;使用时再把化学能转变为电能,而且变换的过程是可逆的。以上两个过程,前者叫作充电,后者叫作放电。

2. 分类

根据极板所用材料和电解液性质的不同,蓄电池一般可分为酸性(铅)蓄电池和碱性蓄电池两大类。碱性蓄电池按其极板活性物质的不同,又可分为铁镍蓄电池和镉镍蓄电池等系列。

## 二、密封胶体蓄电池的特点、结构组成、工作原理和型号规格

### 1. 特点

目前,轨道交通车辆多采用密封胶体蓄电池,它具有使用寿命长、内阻小、自放电率低、密封反应效率高、充电能力强、大电流放电特性好、体积和重量比能量高、荷电出厂,不需进行烦琐的初充电活化、可卧式叠加安装、无酸雾逸出和电液泄漏、不污染环境、使用安全可靠、维护简单等特点。

### 2. 结构组成

蓄电池主要由壳体、极板、隔板、胶体电解质、安全阀、端子组成。其实物外形,如图9-26所示。

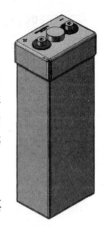

图 9-26 密封胶体蓄电池的外形

### 3. 工作原理

密封胶体蓄电池,由金属铅和硫酸为主要材料制作而成。其电化学原理,可用化学反应方程式进行概括:

$$PbO_2 + 2H_2SO_4 + Pb \underset{充电}{\overset{放电}{\rightleftharpoons}} PbSO_4 + 2H_2O + PbSO_4$$

正极活性物质　　电解液　　负极活性物质　　　　正极活性物质　　水　　负极活性物质

### 4. 型号规格

密封胶体蓄电池的型号规格,见表9-8。

密封胶体蓄电池的型号规格　　表9-8

| 参数数据 规格 | 额定电压 (V) | 5h率容量 $C_5$(Ah)/ 终止电压(V) | 1h率容量 $C_1$(Ah)/ 终止电压(V) | 最大外形尺寸(±1mm) 槽体外形尺寸(±1mm) | | | | 最大重量 (kg) | 内阻 (mΩ) |
|---|---|---|---|---|---|---|---|---|---|
| | | | | 长 | 宽 | 高 | 总高 | | |
| DTM-100-2 | 2 | 100/1.75 | 70/1.70 | 68 | 172 | 302 | 313 | 9 | ≤1.0 |
| DTM-120-2 | 2 | 120/1.75 | 84/1.70 | 99 | 152 | 322 | 331 | 10.5 | ≤0.90 |
| DTM-140-2 | 2 | 140/1.75 | 98/1.70 | 111 | 152 | 322 | 331 | 12 | ≤0.85 |
| DTM-160-2 | 2 | 160/1.75 | 112/1.70 | 123 | 152 | 322 | 331 | 13.5 | ≤0.80 |
| DTM-180-2 | 2 | 180/1.75 | 126/1.70 | 135 | 152 | 322 | 331 | 15 | ≤0.75 |
| DTM-200-2 | 2 | 200/1.75 | 140/1.70 | 147 | 152 | 322 | 331 | 16.5 | ≤0.70 |
| DTM-220-2 | 2 | 220/1.75 | 154/1.70 | 159 | 152 | 341 | 350 | 18 | ≤0.65 |
| DTM-240-2 | 2 | 240/1.75 | 168/1.70 | 171 | 152 | 341 | 350 | 19.5 | ≤0.60 |
| DTM-260-2 | 2 | 260/1.75 | 182/1.70 | 183 | 152 | 341 | 350 | 20.9 | ≤0.55 |
| DTM-280-2 | 2 | 280/1.75 | 196/1.70 | 195 | 152 | 341 | 350 | 22.3 | ≤0.50 |
| DTM-300-2 | 2 | 300/1.75 | 210/1.70 | 207 | 152 | 341 | 350 | 23.7 | ≤0.45 |

### 三、密封胶体蓄电池的使用环境条件和充电及放电

1. 使用环境条件

电池可在 -40~45℃ 范围使用,推荐使用温度范围 5~35℃。环境要求通风良好,清洁干燥,避免阳光直射。

2. 充电

密封胶体蓄电池的充电,分为浮充充电和均衡充电。

1) 浮充充电

当电池处于充满状态时,充电器不会停止充电,仍会提供恒定的浮充电压和很小的浮充电流给蓄电池,以平衡蓄电池自放电,使蓄电池始终处于满容量状态。一旦外部电源停止供电,蓄电池会自然释放电能。

浮充电压设置为 $(2.27~2.29)$ V/单体$(25℃)$,限定电流 $0.15C_5A~0.20C_5A$。机车上的辅助逆变器应具有对浮充电压的温度自动补偿功能,温度补偿系数按双方约定的充电曲线。

2) 均衡充电

按照已设定的充电电压、电流和时间对蓄电池进行的快速充电,在对蓄电池保养时,通常采用均衡充电模式。这种充电模式有利于激活蓄电池的化学特性。

均衡充电电压设置为 $(2.35~2.40)$ V/单体$(25℃)$,限定电流 $0.15C5A~0.2C5A$,充电时间 10h。机车上的辅助逆变器应具有对均衡充电的温度自动补偿功能。

在下列情况下应进行均衡充电(补充电):

(1) 蓄电池库存搁置超过 6 个月,应对蓄电池进行补充充电才能装车。
(2) 蓄电池装车调试后应该进行均衡充电,再交车给用户。
(3) 用户在接车后,需对蓄电池均衡充电再投入运营。
(4) 事故放电后应立即进行均衡充电。
(5) 蓄电池组容量检测放电后应立即进行均衡充电。
(6) 蓄电池组浮充使用发现有两个以上的蓄电池电压低于 2.10V。
(7) 蓄电池组全浮充运行达一年。

3. 放电

蓄电池在机车无外部供电情况下应满足下列设备用电,即列车上的紧急照明、通信系统用电、列车上的头尾灯、紧急通风风机、电控门。为保证蓄电池使用寿命,蓄电池不要过放电,特别是机车在安装调试的过程中,应严防过放电和放电后的不及时进行补充电。

4. 容量检查放电

容量检查采用恒流放电的方法,如:

5h 率放电电流为 $0.2C_5A$,终止电压 1.75V/单体;
1h 率放电电流为 $0.70C_5A$,终止电压 1.70V/单体。

### 四、密封胶体蓄电池的维护和常见故障及处理

(一) 密封胶体蓄电池的维护检修

1. 维护检修要求

(1) 对蓄电池外观进行检查,外观是否有变形、鼓胀、裂纹现象;如有,则应进行更换。

(2)检查蓄电池各连接端子的紧固状况,松动的连接导线必须扭紧,扭矩值为15N·m。

(3)测量蓄电池的开路电压,在无负载的情况下开路电压应不低于2.13V/单体;如低于则应进行均衡充电。

(4)测量对地绝缘电阻,应不低于17 000Ω。如果不符合要求,就应查明蓄电池是否为漏液或其他原因并进行处理。

(5)检查机车直流变换器(逆变器)是否有故障。若有故障,则应及时处理。

(6)长期处于浮充运行时,应定期检查充电设备是否完好;按规定进行均衡充电和容量测试,确保正常运行。

(7)所用充电仪表要定期校验,确保显示数字的准确性与有效性,以防止因仪表显示值错误而影响电池正常运行使用寿命。

2. 维护检修项目和时间

密封胶体蓄电池的维护检修项目和时间,如表9-9所示。

维护检修项目和时间表　　　　　表9-9

| 序号 | 项目 | 6个月 | 1年 | 备注 |
|---|---|---|---|---|
| 1 | 检查蓄电池的外壳有无损坏 | ● | ● | |
| 2 | 清理、清扫电池和电池箱内杂物及灰尘 | ● | ● | |
| 3 | 检查连接螺栓是否有松动的现象 | ● | ● | |
| 4 | 检查连线是否破损,必要时进行更换 | ● | ● | |
| 5 | 测量每只蓄电池的开路电压,必要时进行均衡充电 | ● | ● | |
| 6 | 对蓄电池进行均衡充电 | ● | ● | 6个月内均衡充电不需下车,用便携充电机在车上完成 |
| 7 | 校对蓄电池组的总电压(浮充电压)与车上电压表的电压值是否一致,必要时进行调整 | ● | ● | |
| 8 | 根据环境温度对机车的浮充充电电压输出进行调整 | ● | ● | |
| 9 | 测量对地绝缘电阻 | | ● | |
| 10 | 检查电池小箱情况,如有破裂等情况应进行维修或更换 | | ● | |
| 11 | 进行5h率容量测试和紧急负载测试,必要时进行调整或更换 | | ● | |

注:表中"●"表示按对应的时间必须维护检修项目。

**(二)密封胶体蓄电池的常见故障及处理**

密封胶体蓄电池的常见故障、可能原因及处理方法,见表9-10。

**密封胶体蓄电池的常见故障及处理方法**　　　　　　　　表9-10

| 序号 | 故　　障 | 故　障　结　果 | 排　除　方　法 |
| --- | --- | --- | --- |
| 1 | 浮充运行电压过高(25℃时,>2.29V) | 电池内部电解水、内压增高、排气频繁、水耗大、温度升高、壳体变形、寿命缩短 | 调整浮充电压值,校正仪表,或更换充电器电压控制元件 |
| 2 | 充电电流过大(>0.2C5A) | 同上 | 调整充电电压,降低充电电流 |
| 3 | 浮充运行电压太低(25℃时,<2.25V) | 充电不足,硫酸盐化,容量降低 | 按均衡充电方法对蓄电池进行充电,调整浮充电压值,转入浮充运行 |
| 4 | 环境温度过高(>25℃) | 运行温度提高10℃,腐蚀速度将增大一倍,寿命缩短 | 增加通风设备,或装空调降低电池环境温度;对充电电压进行温度补偿调整 |
| 5 | 深放电(反极) | 硫酸盐化,容量下降 | 设置下电电压告警或保护;进行2~4次均衡充电、放电 |
| 6 | 深放电频繁 | 使用寿命缩短 | 绝对避免,配备容量更大的电池 |
| 7 | 过充电超过额定容量的1.2倍 | 同第一条 | 按使用手册正确使用 |
| 8 | 充电的电池搁置时间超过6个月 | 自放电,容量下降,硫酸盐化 | 进行均衡充电 |
| 9 | 螺栓未紧固 | 产生电弧,导线或电池发热、损坏电池 | 进行紧固 |

### 复习与思考

1. 归纳继电器、接触器的结构组成特点及工作原理。
2. 简述电磁继电器和接触器的常见故障及处理方法。
3. 简述低压断路器的选用方法。
4. 简述传感器的工作原理。
5. 简述蓄电池的常见故障处理。

# 参 考 文 献

[1] 张宇河,等.计算机控制系统[M].北京:北京理工大学出版社,1996.
[2] 张建民,等.机电一体化系统设计[M].北京:北京理工大学出版社,1996.
[3] 隋鹏程.地下工程通风与空调[M].北京:冶金工业出版社,1982.
[4] 朱昌明,等.电梯与自动扶梯[M].上海:上海交通大学出版社,1995.
[5] 吕俊芳.传感器接口与检测仪器电路[M].北京:北京航空航天大学出版社,1994.
[6] 华宏宇.上海地铁一号线车站设备自控系统[J].地下工程与隧道,1996(4):34-37.
[7] 胡维颉.地铁站台屏蔽门系统评述[J].地下工程与隧道,1997(1):27-30.
[8] 何宗华,等.城市轻轨交通车站机电设备运行与维修[M].北京:中国建筑工业出版社,2005.
[9] 李建国.城市轨道交通系统概论[M].北京:机械工业出版社,2009.
[10] 上海申通地铁集团有限公司.城市轨道交通概论[M].北京:中国铁道出版社,2009.
[11] 费安萍.城市轨道交通运输设备的运用[M].成都:西南交大出版社,2008.